# 중국의 도시화와 농민공

## 1억 3,000만 인구의 대이동

이 도서의 국립중앙도서관 출판예정도서목록(CIP)은 서지정보유통지원시스템
홈페이지(http://seoji.nl.go.kr)와 국가자료공동목록시스템(http://www.nl.go.kr/kolisnet)에서
이용하실 수 있습니다. (CIP제어번호: CIP2014020704)

총 서
중국의
연구 쟁점
7

# 중국의 도시화와 농민공

## 1억 3,000만 인구의 대이동

얀샨핑 지음
백계문 옮김

한울
아카데미

Series Chugoku teki mondaigun, 12 vols.
Vol. 7, NOSON KARA TOSHI E
by Yan Shanping

© 2009 by Yan Shanping

First published 2009 by Iwanami Shoten, Publishers, Tokyo.
This Korean language edition published 2014
by Hanul Publishing Group, Paju
by arrangement with the proprietor c/o Iwanami Shoten, Publishers, Tokyo

# 한국어판 서문

2013년 현재 중국의 총인구는 13억 6,000만 명에 달하는데 그중 54%(도시화율)는 도시 지역에 거처를 두고 있는 이른바 도시인구다. 개혁개방이 시작된 1980년에는 채 20%가 되지 않았던 도시화율이 1990년에 26%, 2000년에 36%, 2010년에 50%로 가속적으로 상승해왔다. 2013년 3월에 발족한 시진핑(習近平)·리커창(李克强) 지도부는 기왕의 도시화를 더욱 촉진하여 2030년에는 그 비율을 70%로 올린다는 목표를 발표한 바 있다. 최근 30여 년 동안의 추이를 보면 이 목표를 달성하는 것이 불가능하지 않을 것이다. 그렇다고 하면 도시화율이 반세기 동안 해마다 1%씩 상승한다는 인류 역사상 극히 드문 사회변동이 세계 최고의 인구 대국에서 일어나는 것이 된다. 말할 필요도 없이 그 배경에는 고도 경제성장이 있고 농촌으로부터 도시로의 대규모 인구이동이 있다.

선진 공업국들의 성장 과정을 되돌아보면 경제성장과 인구이동이 다음과 같은 관계에 있음을 알 수 있다. 즉, 공업화가 진행됨에 따라 학교교육을 받은 청년들이 잉여 노동력이 많은 농촌을 떠나 도시로 들어가 더 높은 급여를 제공하는 일자리에 취업한다. 그렇게 풍부하고 값싼 농가 노동력을 토대로 근대 경제가 성장하고 도시화가 진전된다. 한편 농촌에서는 농업 부문의 노동생산성이 향상되고 농가 수입이 증대된다. 이와 같은 메커니즘이 지속됨에 따라 도시와 농촌의 가계 수입이 모두 늘어나고 도·농 간 경제 격차가 축소되거나 소멸된다. 그리하여 결국 루이스가 말한 **이중구조하의 경제 발전**이 종언을 맞게 되는 것이다. 전후의 일본, 한국, 타이완은 나라들 사이에 다소간의 시차는 있었으나 거의 동일한 성장 과정을 겪었다.

이에 비추어볼 때 근자의 중국 경제는 대단히 독특한 궤적을 그리고 있다. 방대한 젊은 층이 농촌에서 도시로 이동했지만 그 대부분이 호적 전입을 허용 받지 못한 출관노동자( = 농민공)로 살고 있다. 이들은 어린 자식들이나 노부모를 자기가 일하는 도시로 데려와 함께 살면서도 그 도시 원주민과 같은 수준의 생활을 영위할 수 있을 만큼의 급여를 받지 못하고, 주거나 의료 또는 연금 같은 사회보장도 누리지 못한 채, 말하자면 **2등 국민**처럼 살고 있다. 그러다가 청장년기를 지나 일자리를 잃어 고향으로 되돌아가지 않을 수 없는 사람이 대단히 많다. 도시지역의 농민공들은 도시화나 경제 발전에 기여하고 있으면서도 그가 사는 도시의 보통 시민이 되지 못하고 있다. 게다가 귀향을 강요받은 농민공들은 이번에는 농촌의 과잉 취업에 박차를 가하는 역할을 하여 농가의 수입 증대를 어렵게 만들고 있다. 그 결과 3배가 넘는 도·농 간 소득 격차는 시정되지 않고 도·농의 이중구조가 존속되고 있다. 다 알다시피 이와 같은 구도를 만든 것은 바로 반세기 이상에 걸쳐 농민들을 차별 대우해온 호적제도다.

이와 같은 발전 모델에 대해서는 전부터 중국 내외로부터의 엄한 비판들이 있어 왔다. 그리하여 21세기에 들어 중국 정부는 호적제도를 비롯한 여러 제도의 발본적 개혁에 착수했다. 이제 농촌에서 도시로 이동하는 사람이 보통 시민으로서 정주할 수 있게 하는 **농민공의 시민화** 및 도·농 간에 가로놓인 각종 격차(소득·복지·교육 등)를 시정하는 **도·농 일체화**는 현 정권의 일대 집정 목표가 되어 있다.

농민공의 시민화도 도·농 간 일체화도 오랜 세월에 걸쳐 만들어진 난제들인 만큼 그 해결에도 오랜 세월이 필요할 것이라고 쉽게 예상할 수 있다. 그러나 그중에는 인위적으로 만들어진 부분도 많아서 해결 속도를 인위적으로 높이는 것도 크게 어려운 일은 아닐 것이다. 모두 중국공산당 정부의 노력과 능력에 달려 있다 하겠다.

2014년 6월

얀샨핑

# 머리말

1950년대 이후의 중국에는 '간부', '공인(工人)', '농민'이라고 하는 사실상의 3대 신분이 존재한다. 간부란 행정기관이나 국유 기업 등의 관리 업무에 종사하는, 일정한 요건(학력·자격 등)을 갖춘 화이트칼라 또는 임원들을 가리키고 공인이란 공장 등의 일선에서 일하는 블루칼라 또는 노동자들을 가리키는데, 양자 모두 비(非)농업 호적이라는 공통점이 있다. 그에 비해 농업 호적인 사람은 모두 농민이라 부른다. 간부들에 대해서는 학교의 담임교사나 직장의 상사들이 작성한 여러 가지 평가 서류가 포함된 '당안(檔案)'[1]이 인사국(人事局)이라는 행정기관에 보관되어 승진 등의 증거 자료로 사용된다. 공인의 당안은 노동국(勞動局)에 보관된다. 이에 비해 농민들에게는 당안이 애당초 존재하지 않는다. 물론 3

---

1   당안에 해당되는 일본어가 없어 '공문서'로 번역되기도 한다. 중국의 각 행정 단위에는 공문서를 수집, 보관하는 당안관(실)이 있는데 일반인에게는 개방되지 않는다. 또한 각 개인의 내신서나 이력 등이 기재된 자료들을 넣어 놓은 자루[檔案袋]가 근무처의 인사 담당 부서에 보관된다. 중국에서 개인의 당안은 개인의 앞날을 결정짓는 중요한 것이나 당사자는 그것을 열람할 수 없는 신비로운 존재이다.

자의 차이는 이것뿐만이 아니다. 급여 체계를 비롯하여 의료, 연금 등 복지 면에서도 큰 차이가 제도화되어 있다. 그리고 더 중요한 것은 간부, 공인 또는 농민 가운데 어느 한 신분을 부여받은 개개인은 평생 자신의 신분을 바꿀 수 없었다는 점이다.

개혁개방 30년 동안 소유제의 다원화, 기업 형태의 다양화가 진행되면서 간부나 공인 같은 신분은 한정된 범위에서밖에 의미를 가지지 못하게 된 한편, 종래 존재하지 않았던 새로운 신분이 출현했다. 농민이면서 농업과 전혀 무관한 일에 종사하고 상주하는 장소도 농촌이 아니라 대도시인 사람들이 그들이다. 중국에서는 그들을 농민공(農民工)이라 부르는데, 그 밖에 민공(民工), 유동인구, 외래인구, 외로(外勞), 다공짜이(打工仔) 혹은 다공메이(打工妹)라고 부르는 이름도 잘 알려진 그들의 별칭이다.

현재 농민공들은 종래 도시노동자만 종사할 수 있는 분야에서 일을 하고 있는 사람들을 말하는 것으로, 이들은 농민도 아니고 공인도 아니면서 양쪽 특질을 모두 갖고 있다는 의미에서 농민공은 현대 중국 사회에 새로 형성된 하나의 비공식적인 신분으로 볼 수 있다.

농민공의 총수는 2000년 이후 1억 명을 넘었고 그 가족을 합할 경우 1억 5,000만 명에 달한다. 그러나 농민공이라는 신분의 특수성 때문에 도시든 농촌이든 그들의 존재를 충분히 고려하여 행정을 펴오지 않았다. 그리하여 호적에 따른 취업 제한과 임금 차별의 일상화, 사회보장제도로부터의 배제, 농민공 자제들에 대한 학교 교육제도의 결여, 할아버지·할머니·어머니로 이루어지는 '3창 농업 문제'의 심화 등 농민공에 관련된 문제들이 산적해 있다.

이러한 문제들은 1990년대 후반 농민공의 급증에 따라 발생하고 현재화했음에도 정부는 지금까지 문제 해결에 적극적으로 나서지 않았고 농민공을 보는 도시민들의 시선도 차갑다. 경제 발전이나 도시 개발을 위해 농민공들이 필요하다는 것을 인정하면서도 그들의 국민으로서의 권리가 침해되더라도 큰 관심을 기울이지 않는 사람이 많다. 그뿐만 아니라 농민공들이 도시 생활에 적응하지 못하는 모습이나 곤궁한 생활상, 그들의 가식 없는 말투 따위를 소재로 하여 그들을 조소하는 문예 작품도 많이 나와 있다. 많은 국민이 농민공들에 대한 제도적 차별을 인식조차 못 하는, 일종의 정신적 마비에 빠진 것이 아닌가 하는 지적도 나오고 있다.

물론 모든 사람이 그렇다는 말은 아니다. 양식 있는 학자나 언론인들은 농민공 문제의 실태를 조사하여 그 결과를 발표하는 등 사회적 발언을 계속해왔다. 해외의 민간재단이나 학자들도 재력과 지력 양면에서 조사연구에 많은 지원을 해왔다. 그리고 2003년 후진타오(胡錦濤)·원자바오(溫家寶) 정권이 출범한 것을 계기로 그러한 연구성과들이 큰 역할을 발휘할 기회를 맞았다.

중국에서는 농민공에 관한 연구가 여전히 왕성한 상황이고 농민공을 다룬 다양한 장르의 도서가 그 수를 셀 수 없을 정도로 많다. 어떤 의미에서 농민공 문제에 관한 새로운 연구 영역은 거의 남아 있지 않다고 해도 과언이 아닐 것이다.

일본에서는 농민공이란 용어가 대중매체에서 널리 사용되고 있고 신문이나 대중지에 종종 농민공을 주제로 한 특집이 실리기도 한다. 농민공은 농촌 출신으로 도시에 나와 일하는 노동자다, 농민공은 세계의 공장인 중국 경제를 떠받치고 있다, 농민공은 호적에 따른 차별을 받고 있다 등등, 일본의 평범한 사람도 머릿속에 농민공의 이미지를 갖고 있다고 말할 수 있을 정도다. 그런데 일본의 총인구에 필적하는 이 거대한 사회집단이 어떻게 형성되었는가, 농촌에서 도시로의 농민 대이동을 역사적 시야에서 본다면 무슨 말을 할 수 있는가, 농민공들이 중국 사회 고유의 도·농 이중구조, 농촌과 농업, 도시 노동시장 등에 각각 어떠한 영향을 끼쳤는가와 같은 문제들에 대해 체계적인 해설이나 분석을 시도한 서적은 거의 없다.

이 책에서는 최근 30년 동안에 중국 사회에 새로 형성된 농민공이라는 특수한 신분을 가진 사람들의 본모습을 파고들어 간다. 항간에는 농민공들의 생활고나 가혹한 취업 상황에 관한 보도가 많고, 그중에서도 농민공들의 집단 항쟁이나 폭동 같은 종류의 화제가 눈에 두드러진다. 그런 개개 보도들을 보면 구체적이고 알기 쉽기는 하나, 그러한 정보들만으로는 농민공들의 전체상을 정확하게 파악하기 어렵다. 아마 신문기사 등은 자수 제약이 크다는 문제가 있기 때문에 그러할 것이다. 이 책에서는 가능한 한 통계자료를 활용하여 농민공의 전체상을 부각시키는 데 역점을 두었다. 오늘날에는 인구센서스를 비롯한 다양한 통계자료를 이용할 수 있어 풍부한 도표들을 활용하면서 주제를 분석·해설할 수 있게 되었기 때문이다.

이 책은 다음의 장들로 구성되어 있다. 제1장은 역사적 관점에서 중국에서의 인구이동의 주요 흐름을 조망한다. 20세기 전반기의 중화민국 시기와 마오쩌둥의 계획경제 시기의 지역 간 인구이동의 상대적 수준, 인구이동의 방향성, 인구이동을 일으키는 메커니즘 등에 대해 한정된 통계자료를 이용하여 정량적으로 분석한다. 중화민국 시기에는 지역 간 인구이동이 자유롭게 행해졌다는 것, 농촌 내 이동은 혼인, 농촌 - 도시 간 이동은 출관노동(出關勞動)[2]이 주된 이유였는데, 총인구에서 이동인구가 차지하는 비율은 낮았다는 것, 그리고 정부의 이민정책 또는 전란(戰亂)이나 자연재해로 인해 지역 간 이동이 불가피했던 경우도 적지 않았다는 것 등을 규명한다. 이와 대조적으로 계획경제 시기에는 개인적 사유에 의한 지역 간 이동이 기본적으로 불가능했다는 것, 인구이동의 상대적 수준이 낮았다는 것, 도시에서 농촌이나 변경지역으로의 시장경제적으로는 생각할 수 없는 인구이동이 정책적으로 추진되었다는 것 등을 규명한다.

제2장에서는 개혁개방 시기의 지역 및 국제 인구이동의 전체상을 그리고 각각 주된 특징을 규명한다. 다음은 분석을 통해 알게 된 주요 사실들이다. 이동인구의 규모가 비약적으로 증대했고 사람들의 이동 공간이 확대되었다는 것, 이들은 주로 중서부 농촌 출신의 학력이 비교적 높

---

2 돈을 벌기 위해 본업인 농사일을 놓고 타관(도시)에 나가 노동하는 것을 말하는데, 처음에는 조만간 귀향할 생각으로 출관하나 대개 도시에 오래 눌러 살게 되는 것이 중국의 현실임. 일본어 出稼ぎ 勞働을 번역한 것임. ― 옮긴이

은 청장년을 중심으로 한 농민들이라는 것, 경제적으로 뒤떨어진 내륙 지역이 유출지이고 경제적으로 앞선 연해의 도시 지역이 유입지라는 구도가 형성되었다는 것, 그리고 한편으로 국제화의 진전에 따라 중국에서 해외로 나가는 국제적 인구이동, 그중에서도 이웃 나라인 일본으로의 인구 유입도 미증유의 속도로 계속 늘고 있고, 그뿐만 아니라 국제 인구이동의 메커니즘이 전통적인 방식과 크게 달라졌다는 것 등등이다.

제3장부터 제6장까지는 이 책의 주제인 농민공 이야기다. 지면의 제약 때문에 여기서는 각 장의 연구 과제를 간결하게 제시하는 데 그치겠다. 제3장에서는 전체 이동인구의 80%에 가깝고 출관노동을 목적으로 이동하는 인구의 90%에 해당하는 농민공 전체의 변화를 「농가가계조사(農家家計調查)」를 통해 얻어진 자료에 근거하여 부각해내고, 그러한 변화가 가져온 농민공 정책의 전환 과정을 분석한다.

제4장에서는 농가 측면에서 농민공과 농가 경제의 관계, 농민공의 조건, 출관노동에서 기인하는 제 문제(집에 남겨진 아동과 노인 문제, 3창 농업[3] 문제 등)에 대해 독자적인 농가 조사 자료에 의한 실증적 분석을 통해 출관노동만으로는 '3농 문제'의 근본적 해결이 어렵다는 결론을 제시한다.

제5장에서는 농민공들이 일하는 도시 측면에서 농민공에 관한 여러 문제를 고찰한다. 농민공들에 대한 취업 차별과 저임금, 가혹한 생활조

---

3  농업에 주로 종사하는 사람이 할아버지(じいちゃん, 지창), 할머니(ばあちゃん, 바창), 엄마(かあちゃん, 가창)인 까닭에 이를 3창 농업이라고 한다. — 옮긴이

건, 의료·산재·연금 등 사회보장제도로부터의 배제, 노동조합 가입에 대한 제한 등을 밝혀 농민공들이 국민으로서의 기본권을 충분히 누리지 못하는 현실을 규명한다.

마지막으로 제6장에서는 2004년 이래 수년 동안 광둥(廣東)성 주장 (珠江) 삼각주 지역을 중심으로 나타난 농민공 부족 현상[民工荒] 및 그와 관련한 중국 경제 전환점 논쟁(노동력이 과잉에서 부족으로 전환되었는가 에 관한 논쟁)에 대해 농민공 수요와 공급의 양 측면에서 민공황의 진짜 원인이 무엇인가를 분석한 끝에 현재의 민공황은 주로 여러 제도의 결 함에 기인한다고 결론지어, 농촌 노동력의 고갈설 또는 전환점 통과설 에 부정적인 입장을 제시한다.

# 차례

## 제5장 농민공 문제의 여러 모습
### - 농민공은 국민이 될 수 있을까? 120

## 제6장 중국 경제는 루이스의 전환점을 넘어섰을까?
### - 농민공 부족의 사회경제적 배경 149

제1장

# 인구이동의 역사
중화민국 시기와 계획경제 시기를 중심으로

## 인구이동을 보는 좌표

20세기, 특히 그 후반에 중국의 총인구는 급격히 증가했다. 그리고 도시·농촌인구 구성에도 큰 변화를 가져왔다. 20세기 초두에 중국의 총인구는 대략 4억 명이었다. 중화인민공화국이 수립된 1949년까지 신해혁명(1912년), 북벌전쟁(1926~1927년), 항일전쟁(1937~1945년), 국공내전(1927~1937년, 1946~1949년) 등의 전란이 이어졌고 대규모 자연재해도 빈발했다. 수많은 사람이 전란이나 자연재해를 피해 난민이 되어 지역 간 이동을 해야만 했다(沈益民·童承珠, 1992). 다른 한편 중화민국 정부가 추진한 동북지역(랴오닝·지린·헤이룽장)에의 이민정책도 지역 간 인구이동을 촉진했다(楊子慧, 1996).

20세기 후반의 50여 년 동안에 인구의 규모와 구성 모두 급격하게 변화했다. 정부 공식통계에 의하면 중국의 총인구는 1949년에 약 5억 4,000만 명이었는데, 1981년에 10억 명, 2004년에 13억 명을 돌파했다.

도시인구 비율도 1949년 10.6%에서 1981년 20.2%, 2008년 45.7%로 급상승을 계속했다. 같은 시기에 도시 주변 농촌들이 시(市)로 변경된 것에 기인한 도시인구의 증가도 물론 있었지만 도시인구의 급증은 주로 농촌에서 도시로의 지역 간 인구이동에 의해 초래된 것이라고 할 수 있다.

사회경제적 상황이 지금과는 크게 달랐던 20세기 전반기, 계획경제 체제를 채택했던 마오쩌둥 시대의 약 30년간, 그리고 개혁개방의 30년간을 각각 놓고 볼 때 지역 간 인구이동의 규모와 방향 및 그 규정 요인과 파급효과들은 말할 필요도 없이 서로 달랐다. 전란이나 자연재해 같은 비경제적 요인이 사람들의 이동에 강한 영향을 미쳤던 시기가 있었는가 하면, 소득 격차 같은 경제적 요인이 결정적으로 중요했던 시기도 있었다. 또한 지연, 혈연에 뿌리를 둔 사회적 관계의 여부는 지역 간 인구이동에 큰 의미를 갖는다. 이러한 요인들을 역사적 관점에서 고찰하여 각 시대 인구이동의 실태와 메커니즘, 그리고 서로 다른 시대 간에 존재하는 연속성이나 차이점 또는 유사점들을 규명해내는 일은 현대 중국 사회의 변천을 이해하는 데 큰 의미가 있다고 생각된다.

이 장에서는 중화민국 시기, 계획경제 시기에 초점을 맞추어 각 인구이동의 주된 특징을 밝힐 것이다. 제2장 이하에서 기술하는 개혁개방 시대의 인구이동을 역사적 관점에서 파악하는 데 필요한 좌표를 제공하는 것이 이 장의 주된 목적이라 하겠다.

# 중화민국 시기의 지역 간 인구이동

중화민국 시기란 1912년부터 1949년까지의 37년간을 가리킨다. 이 시기는 몇 번의 전쟁이 있었던 까닭도 있어 통계자료가 빈약하다. 인구이동에 관한 것도 마찬가지여서 체계적인 전국 조사가 거의 행해진 바 없다. 중화민국 정부는 1931년 12월에 「호적법」을 공표하여 현(縣)·시(市)의 경계를 넘어 거주지를 옮기는 사람들에게 전적(轉籍)증명서를 발행하고 전입지에서의 호적 등기를 의무화했으나 호적 전출입에 관한 통계를 내도록 하는 규정은 존재하지 않았다. 1946년의 「개정 호적법」에서는 이동의 경계를 호적관리구로 변경하면서 타 호적관리구에서 전입하여 1개월 이상 지난 사람은 '천입(遷入)인구'로, 1개월 미만의 사람은 '유동인구'로 등기하도록 규정했는데,[1] 실제로는 전란 등으로 인구이동에 관한 통계 작업이 엄격하게 시행되지 않았다(楊子慧, 1996).

그런 가운데 인구이동에 관해 주목할 만한 조사 자료가 둘 있다. 하나는 진링(金陵)대학 농업경제학계가 1929~1933년에 전국 농촌의 38만 호, 20만 명 남짓을 대상으로 실시한 「농촌인구이동조사」(이하 「진링대학조사」로 약칭)이고, 다른 하나는 동북 3성(랴오닝·지린·헤이룽장)에의

---

1  중화민국 정부의 「호적법」하에서는 이주의 자유가 보장되었고 호적의 전출·전입 절차도 간소했다. 그에 비해 1958년 공표된 중화인민공화국 「호적등기조례」하에서는 호적 전출입에 대한 관리가 엄격해져 개인 사유에 의한 이주나 직업 선택이 거의 불가능해졌다. 또한 호적에 의거한 이동통계도 후자 하에서는 엄격하게 행해졌다.

이민에 관한 통계이다(楊子慧, 1996). 다음에서 이 통계들을 이용하여 중화민국 시기의 인구이동 개황을 밝혀보기로 한다.

### 농촌인구의 지역 간 이동

농촌인구의 지역 간 이동에 관한 것으로는 「진링대학조사」가 가장 대표적이다. 이 조사에서는 농가의 인구이동에 관한 상세한 조사항목들이 포함되어 있었다. 대상 농가의 추출 방법이나 인구이동에 관한 정의(이동의 범위와 기간)에 애매한 점들이 있기는 하나 당시의 지역 간 인구이동을 아는 데 이 조사는 귀중한 정보를 담고 있다.[2] 여기서는 양쯔후이(楊子慧, 1996)에 의거하여 1930년경의 중국 농촌에서 일어난 지역 간 인구이동의 규모, 특징 및 이동의 이유에 대해 정리하기로 한다.

먼저 이동인구의 규모인데, 조사 실시 당년 연말 현재 총인구에서 유출자가 차지하는 비율은 2.15%, 유입자의 비율은 2.35%였다(모두 향진의 범위를 넘어 이동한 자). 향진(鄕鎭) 내 촌과 촌 사이에서의 이동을 포함하면 이촌 인구의 비율이 3.61%로 상승한다(1922년).[3] 두 가지 조사결

---

2 　농가 조사를 실시한 것은 진링대학 학생들이었는데, 그들은 하기휴가 등으로 귀향하는 기회를 이용하여 자신의 농촌 등에서 농가 조사를 했다. 그런 의미에서 조사 대상의 대표성에 약간의 문제가 있을 수 있다. 또한 당시 대학에 입학할 수 있는 농가 자제가 적었던 것을 생각하면 조사를 실시한 대학생들이 농가에서 필요한 사실적 정보들을 얼마나 얻을 수 있었을까 하는 점에서도 다소의 의문이 있다. 그렇다고는 하나 달리 좋은 자료가 없다면 그것을 사용할 수밖에 없다.

3 　1922년 허베이(河北), 산둥(山東), 장쑤(江蘇), 안후이(安徽)의 일부 지역 농가들을 조사한 결과다. 허베이와 산둥은 田中忠夫, 『河北經濟槪論』(北平版, 1936

과를 직접적으로 비교할 수는 없으나 대강 추측해보건대 총인구의 1.46%가 향진 내에서의 이동이었던 것으로 보인다.

다음으로 이동인구의 공간 분포를 보기로 한다. 「진링대학조사」에 의하면 이동인구(유출·유입 양방향)는 현내 향진 간이 49.8%, 성내 현 간이 29.6%, 성 간이 11.1%, 국제 및 불명이 각각 0.5%, 9.0%를 차지하여 전체적으로 이동의 범위는 좁았다. 물론 지역에 따라 이동인구의 공간 분포가 크게 달라진다. 교통조건이 좋고 평원이 많은 화둥(華東) 지구(장쑤, 저장, 안후이, 장시, 후베이)에서는 이동의 범위가 비교적 넓었고, 해외로 나가기 쉬운 광둥, 푸젠(福建)에서는 해외 이민이 많았다는 등의 특징을 볼 수 있다.

셋째로, 이동의 방향이다. 농촌 지역 간 이동률이 1.9%, 농촌에서 도시로의 이동률과 그 역방향 이동률이 각각 0.9%, 0.5%였다(侯楊方, 2001).[4] 이 결과로부터 다음 두 가지 중요한 사실을 추측할 수 있다. 하나는 총이동인구의 대부분(57.6%)이 농촌 내부에서의 이동이고 도시로의 이동이 비교적 적었다는 점이다. 또 하나는 도시에서 농촌으로 이동한 사람의 대부분이 농촌 출신자의 복귀라고 생각되므로 농촌 - 도시 간 순 이동률은 겨우 0.4%로 총이동인구의 12%에 불과했다는 점이다. 농

---

년), 장쑤와 안후이는 言心鐵, 『中國鄕村人口之分析』(商務版, 1934년)에 의한다. 조사대상 농가의 총인구는 4만 524명이고 그 가운데 이촌자는 1,464명이었다. 조사대상 기간은 당년이었다.

4  농가 인구의 총이동률이 3.3%였는데, 이것은 「진링대학조사」의 4.5%와 1.2%의 차이가 난다. 아마 이동의 방향을 판별할 수 없는 자도 많았기 때문일 것이다.

촌-도시 간 인구이동이 적었고 도시 지역으로 일단 이동한 자도 정착을 하지는 않았다는 것이 이 무렵 인구이동의 특징을 형성한다.

넷째, 이동의 주된 이유에 대해서는 유출자와 유입자 간에 일정한 차이가 보인다. 유출자가 말한 유출 이유는 취업 부족이 48.8%, 혼인 23.2%, 식료 부족 7.3%, 기타가 17.3% 등이었다.[5] 그와 대조적으로 유입자 가운데 혼인을 가장 큰 이유로 든 사람은 전체의 34.9%, 취업 부족이 15.0%, 기타가 45.2% 등이었다(侯楊方, 2001). 농촌에는 충분한 취업기회가 없기 때문에 출관노동을 하지 않으면 안 되었던 사람이 유출자의 절반 가까이 차지한 한편, 결혼을 이유로 한 전통적인 이동도 전체 이동자의 29.2%에 달했다.

제한된 자료이기는 하나 중화민국 시기 농촌에서의 인구이동의 모습을 다음과 같이 묘사할 수 있을 것 같다. 즉, 인구이동의 규모가 작았고 농촌-도시 간 근대적인 인구이동도 적었다. 인구이동의 범위가 좁았고, 결혼에 따른 이동자의 비율이 높았다는 것도 지적할 수 있다. 그러나 어떤 성격의 농가에서 이동자가 배출되었는가, 이동자는 어떤 사람들이었는가, 이동의 경로는 어떠했는가, 도시에서 농촌으로 복귀한 이유는 무엇인가와 같은 인구이동 연구에서의 중요 과제들에 대해 여기서는 충분한 분석을 할 수 없었다.

_____

5  이출한 사람은 당연히 조사에 응할 수 없었을 것이다. 그런 경우는 아마 가족 중 누군가가 대신 답했을 것이다.

그림 1-1 중화민국 시기 동북 3성으로의 이동인구

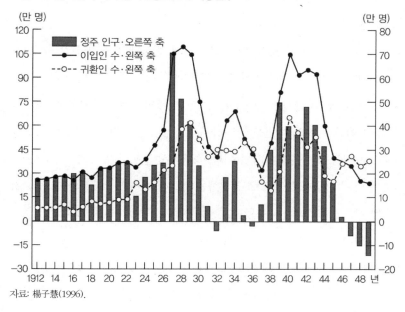

자료: 楊子慧(1996).

## 동북 3성에의 이민

동북 3성은 중국의 신대륙이었다. 청조 말기의 20세기 초두부터 중화민국 시기에 걸쳐 산둥성, 허베이성으로부터 대규모의 이민운동이 전개되었다. 〈그림 1-1〉은 중화민국 시기 동북 3성에의 이동인구의 추이를 나타낸 것이다.[6] 1912년부터 1949년까지의 38년 동안 동북 3성으로 이동한 총인구는 1,985만 명에 달하는데 그중 1,184만 명이 복귀했다.

---

6  원자료를 보면 이 그림은 주로 산둥성에서 동북 3성으로 이동한 인구의 상황을 나타낸 것으로 전국으로부터의 이동을 나타낸 것은 아니다.

실제 동북 3성에 정주한 자는 801만 명 정도로 전체 이동자의 40.3%에 그쳤다.

시기별로 보면 이동인구의 규모가 크게 변동했다는 것을 알 수 있다. 1925년까지는 이동인구의 왕래가 활발했고 또 정주자가 많았다. 1927~1929년의 3년 동안 중화민국 정부는 농지 개척을 추진하고 식량 증산을 도모하여 동북에의 이민을 장려하면서 세금 면제 혜택을 주었다. 그 영향으로 산둥성 등지로부터의 이민이 급격히 늘어났다. 1927년에 100만 명이 넘는 인구가 동북으로 유입했는데 그중 70만 명 이상의 인구가 정주했다.

그런데 1931년의 '9·18사건'(만주사변)을 계기로 일본은 동북 3성을 실질적으로 지배하게 되었다. 그리하여 내지(內地)로부터의 이민이 제한된 한편으로 일본으로부터의 이민(20만 명)과 일본 점령하에 있던 조선으로부터의 이민(70만 명)이 추진되었다. 1937년에 중일전쟁이 시작되자 노동력 수요가 늘어나 내지로부터의 노동력이 적극 사용되었다. 특히 태평양전쟁이 발발한 후에는 내지 노동력이 반강제로 동원되어 동북 3성으로 옮겨졌다. 그 결과 동북 3성에의 인구 이동이 다시 고조기를 맞이했고 연간 40만~50만 명의 정주를 보였다. 일본이 패전한 후에는 동북 3성에서 내지로 복귀하는 인구가 유입되는 인구의 수를 상회하여 정주자가 감소세를 보였다(楊子慧, 1996).

### 전란, 재해와 인구이동

중화민국 시기에는 농촌에서 도시로의 인구이동이 기본적으로 자유로웠다. 예를 들어 상하이시는 1930~1936년 사이 총인구가 80만 명 중가했다. 연평균 12만 명이나 되는 사람들이 주로 농촌 지역에서 전입해 왔다(楊子慧, 1996). 같은 기간의 전입률과 전출률(총인구에서 차지하는 전출입 인구의 비율)이 연평균 각각 10.8%, 8.3%였던 것으로 보아 농촌과 도시 간에 오고 간 유동인구가 상당한 규모에 달했다고 추측된다. 이는 이동을 야기한 원인과도 관련된다. 취업 목적으로 이동한 사람이 많았지만 전란[7]이나 자연재해를 피해 떠나는 유동인구도 적지 않았다. 따라서 그러한 상황이 개선되면 고향으로 귀환하는 사람들이 나오는 것은 당연한 일이었다.

1949년 이전에 상하이시에 유입하여 정주한 상하이시 호적 인구를 대상으로 행한 흥미로운 연구가 있다. 상하이 사회과학원의 루한롱(蘆漢龍, 1995)에 의하면 당시에는 엄격한 호적제도에 의한 이주 제한이 없었음에도 상하이시에 유입하여 정주할 생각을 가진 사람은 비교적 적었다. 처음부터 정주를 위해 이동했다고 회답한 사람은 26.1%였고, 영주는 아니고 장기간 살고 싶다고 회답한 사람이 56.1%에 달했다. 인구이동이 주로 고향의 경제 상황 등이 악화된 때문이고 도시의 유인력이 강했던 것은 아니라고 말할 수 있다.

또한 남성은 주로 취업할 목적으로 유입했고, 여성은 남편을 따라 이

---

7   중화민국 시기에 전란에서 도피하는 난민의 대이동에 관한 기록들을 보면 그 대부분이 군벌 간 전쟁이나 국민당과 공산당의 내전으로 야기된 것이었다. 상세한 것은 楊子慧(1996)를 참조하라.

동한 자가 많았다(각각 회답자의 68.6%, 42.1%). 전란이나 자연재해를 피해 떠나온 사람이 전체의 약 10%를 차지했다. 상하이를 동경하여 좋은 생활을 꿈꾸고 이동한 사람들(8%)도 있었다.

상하이시에 들어와 처음 얻은 일자리는 어떤 경로를 통했는가 하는 질문에 대해 친척, 친구라고 답한 사람이 각각 31%와 39%를 점했다. 70% 정도의 취업자가 지역 간 이동 후 개인적 연줄로 일자리를 얻었다는 것이다.

## 계획경제 시기의 인구이동

신중국이 수립된 1949년 이후 약 30년 동안은 마오쩌둥의 시대라고 일컬어진다. 건국 초기 수년 동안은 토지의 사유제나 사영기업의 존재가 인정되었다. 그러나 1953년에 제1차 5개년계획이 개시되자 농업의 집단화운동, 상공업의 사회주의적 개조운동이 대대적으로 전개되었다. 불과 3, 4년 동안에 생산수단의 공유제(집단소유제, 국유제)가 실현되어, 농촌 지역의 인민공사, 도시 지역의 국영기업이 계획경제체제하의 기본적 경제단위가 되었다. 농산물을 통일적으로 수매하고 판매하는 식관제도(食管制度, 1953년), 등급임금제도(1956년), 호적등기조례(1958년) 등이 차례로 제정·공포됨으로써 계획경제체제가 기능하기 위한 제도적 장치들이 갖추어졌다. 그 과정에서 물자, 돈, 사람이라고 하는 본원적 생산요소들의 사용도 계획경제체제에 받아들여졌다. 그러나 노동력의 지역

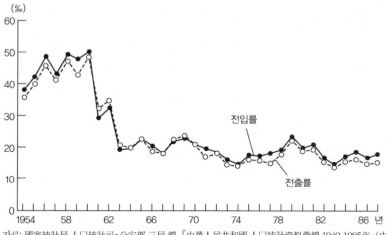

그림 1-2 **호적의 전출입에 따른 이동인구의 비율**

자료: 國家統計局 人口統計司·公安部 三局 編,『中華人民共和國 人口統計資料彙編 1949-1985年』(中國財政經濟出版社, 1988年).

간 또는 산업 간 이동은 노동자 개개인의 의사만으로 이루어질 수 없게 되었다. 이하에서 공안의 호적 통계를 사용하여 마오쩌둥 시대 30년 동안의 지역 간 인구이동을 고찰하여, 그 주된 특징을 분석해본다.

### 인구이동의 규모

〈그림 1-2〉는 향진 또는 가도(街道: 호적관리구) 간에 호적의 전출입을 수반하는 이동인구의 상대 수준을 나타낸 것이다. 이 통계에서는 이동의 공간적 요소는 포함되어 있으나 시간적 요소는 고려되지 않았다. 가령 어떤 사람이 1년 동안에 서로 다른 호적관리구 간에 호적의 전출입을 3회 반복했다고 하면 통계상으로 이동인구의 수는 3이 된다. 다시 말해 〈그림 1-2〉는 이동인구의 연인원수를 반영하고 있는 것이다.

그림 속의 전출, 전입은 각각 원주지, 현주지에서 보는 이동으로서 본래 양자는 동일한 수치이어야 한다(국제 이동은 생각하지 않음). 그러나 이 그림에서는 1950년대, 1970년대 이후 전입률이 거의 일관되게 전출률(각각 전출입 인구가 총인구에서 차지하는 비율)을 상회한다. 그 원인에 대해서 선이민·통청주(沈益民·童承珠, 1992)는 식량배급제도나 계획출산 정책의 영향을 지적했다. 항상적으로 물자가 부족했던 당시 전입자 수를 부풀려 여분의 물자를 획득한다든지, 계획 외 출산으로 늘어난 자식을 전입자라 하여 부정 등기하는 등의 일이 흔히 있었다고 한다.

계획경제 시기 이동인구의 규모 변화로부터 다음 네 가지 특징을 제시할 수 있다. 우선 1958년까지의 급증기다. 호적등기조례가 시행된 1958년까지의 수년 동안 지역 간 인구이동에 대한 규제가 비교적 완만하여 이동인구의 총수가 2,000만 명 남짓에서 3,000만 명으로 급증했다. 1958년의 대약진운동으로 농촌 - 도시 간 노동 이동이 활발해진 것도 이동인구의 급증에 박차를 가했다. 그러나 한편으로 총인구에서 이동인구가 차지하는 비율(이동률)은 4~5%에 머물고 있었다. 1930년경의 「진링 대학조사」와 비교하여 인구이동의 상대 수준이 높았다고 말할 수 없다.

제2기는 1959년부터 1963년까지의 과도기다. 대약진운동이 실패한 뒤 농촌에서 동원된 수많은 노동 인구 및 그 가족들이 농촌으로 귀환 조치되었다. 1959년, 1960년의 높은 이동 수준은 그것을 배경으로 한다. 조정기에 들어간 1963년에는 이동인구가 1,500만 명 아래로 떨어져 이동률이 2% 정도까지 내려갔다. 이것은 1930년경의 이동률을 밑도는 상황이다.

제3기는 문화대혁명을 포함하는 1963년부터 1977년까지 십수 년간의 저미기(低迷期)다. 이 시기에는 연간 이동인구 총수가 1,500만 명 전후에서 변동하던 시기로 이동률이 1.5~2.0%에 지나지 않았다. 계획경제체제제하에 인구이동이 극히 낮은 수준으로 억제되었다는 것을 엿볼 수 있다.

제4기는 1978년 이후의 10년간이다. 후술하겠지만 농촌이나 변경으로 하방된 도시 출신 지식청년들, 문화혁명기에 도시에서 추방된 간부들이나 노동자들이 도시로 귀환하는 것이 허용되었기 때문에 1979년을 정점으로 그 전후 수년 동안 대규모의 인구이동이 발생했다. 그러나 이동률이 낮다는 데에 변함은 없다.

1980년대에 들어 자영업자들에 대한 이동 규제 완화, 농업 생산 청부제의 보급 및 자유시장의 부활과 성장에 따라 개인 형편에 따른 지역 간 이동이 가능하게 되었다. 그 때문에 호적의 전출입을 수반하지 않는 유동인구도 급속히 늘어났다. 다만 호적 이동이 없는 유동인구의 총수는 공안 부분의 호적통계에 반영되지 않는다.

요컨대 마오쩌둥 시대의 중국에서는 인구이동의 상대적 수준이 낮았다. 그것은 농촌 - 도시 간 인구이동이 적었을 뿐만 아니라 직업계층 간의 사회이동이 어려운 것 등 사회가 폐쇄적인 상황에 있었다는 것을 의미한다.

## 지역 간 인구이동의 방향

선이민·통청주(沈益民·童承珠, 1992)에 의하면 마오쩌둥 시대의 지역 간 인구이동은 다음과 같은 사정 때문에 계획적으로 추진되었다고 한다. ① 건국 초기, 신정권 수립에 따라 다수의 공산당 간부가 북방에서 남방으로 파송되었다. ② 새로운 공업기지의 건설이나 중서부 지역에서의 삼선건설(三線建設)[8]을 지원하기 위해 연해도시의 많은 기술자, 노동자들이 동원되어 이동했다. ③ 신장(新疆), 헤이룽장(黑龍江), 윈난(雲南) 등 변경 지역의 개간을 위해 산둥, 허베이 등지로부터 조직적 이민이 행해졌다. ④ 연해도시 소재 기존 대학들의 일부 학부가 중서부로 이전된 것에 수반하여 많은 교직원이 이동해야 했다. ⑤ 도시의 취업난 등으로 수많은 중·고졸자, 노동자, 간부들이 농촌 지역으로 하방되었다. 그 결과 인구이동의 방향이 일본 등의 경제 발전 과정에서 관측된 것과 반대로 선진지역에서 후진지역으로, 도시에서 농촌으로의 방향이었다. 또한 인구이동의 방향을 규정한 것도 소득 격차 같은 경제적 요인보다 정치적 요인 쪽이 강했다.

여기서는 도시와 변경을 대표하는 베이징시, 상하이시 및 헤이룽장성, 신장 위구르 자치구를 사례로 삼아 계획경제 시기의 인구이동의 변화 상황을 고찰하고 인구이동의 방향에 관한 중국적 특징을 밝혀보기로 한다.

〈그림 1-3〉은 네 지역의 연간 순 이동자 수, 즉 호적의 전출입을 수반하는 전입자와 전출자의 차를 나타낸 것으로서, 플러스면 전입 초과, 마

---

8   국방전략상 연해 지역(1선)이나 평원지역(2선)이 적에 공격당해 점령된 경우 저항을 계속하기 위해 군수공업기지들을 내륙산간지역(3선)에 건설한다는 방침.

그림 1-3 **대표적인 지역들에서의 전출입 상황**

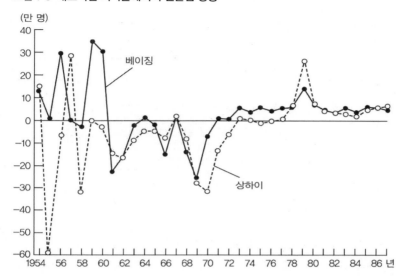

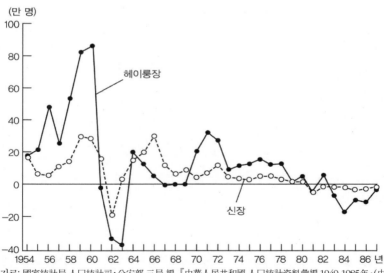

자료: 國家統計局 人口統計司·公安部 三局 編,『中華人民共和國 人口統計資料彙編 1949-1985年』(中國財政經濟出版社, 1988年).

이너스면 전출 초과를 의미한다.

한눈에 알 수 있듯이 베이징시, 상하이시와 헤이룽장성, 신장 자치구는 서로 대조적이다. 베이징시는 신중국의 수도여서 건국 직후부터 인구의 전입 초과가 계속되어 1954~1960년 사이에 103만 명이나 되는 순증을 기록했다. 그러나 1961년부터 1970년까지는 대부분 전출 초과를 보였는데, 그것을 합계하면 100만 명 이상에 달한다. 그 후로는 전입 초과가 보이기는 하나 소규모에 그쳤다(1971~1976년에 21만 명, 1977~1984년에 51만 명).

상하이시의 경우는 베이징시보다 인구의 전출 초과가 장기간에 걸쳐 계속되었다. 1970년대 초까지의 20년 동안 200만 명 가까운 사람이 다른 성시구(省市區, 일급 행정구인 성·직할시·자치구를 말함)로 전출했다. 전입 초과로 전환된 것은 지식청년들의 도시 귀환이 활발해진 1978년부터였다. 그러나 베이징시와 마찬가지로 전입 인구의 규모는 작았다. 그 결과 1954년부터 1984년까지의 31년 동안 상하이시에서 140만 명이나 되는 사람이 다른 성시구로 순전출했다.

한편 헤이룽장성, 신장 자치구에서는 정반대의 현상이 관측되었다. 1960년대 초의 이상기(異常期: 대약진운동의 실패 시기)를 제외하고 전 기간에 걸쳐 다른 지역들로부터 인구의 전입 초과가 이어졌다. 1954년부터 1960년까지의 6년 동안 헤이룽장성과 신장 자치구로 전입해 들어온 자의 합계는 각각 333만 명, 112만 명에 달하여, 1984년까지 31년 동안의 전입 초과자(442만 명, 252만 명) 가운데 40~70% 정도를 점했다. 1964년부터 1980년까지의 전 기간에 걸쳐 순 이동자 수가 플러스였다는 것

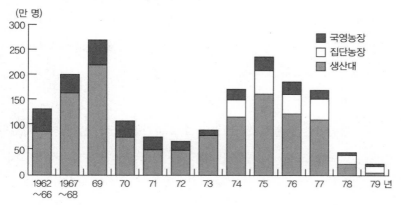

그림 1-4 **농촌에 하방된 지식청년 총인원 추이**

(만 명)

국영농장
집단농장
생산대

1962 1967 69 70 71 72 73 74 75 76 77 78 79 년
~66 ~68

자료: 國家統計局 社會統計司 編, 『中國勞動工資統計』(中國統計出版社, 1987).

은 상징적인 현상이다.


### 지식청년들의 농촌 하방과 도시 귀환

1960년대, 1970년대의 20년 동안 도·농 간에 전개되었던 중·고졸 청년들(지식청년들)의 농촌 하방과 도시 귀환은 계획경제 시기 인구이동의 특징을 보여주는 전형적인 사례였다.

〈그림 1-4〉는 국가통계국이 공표한 지식청년들의 이동에 관한 유일한 통계를 사용하여 작성한 것이다.[9] 먼저 지식청년의 총인원수의 흐름

---

9 지식청년 세대는 2008년에 40대 후반~50대 후반의 연령대에 달했다. 도시로의 귀환에 성공하여 대학을 나온 자가 많은데 각 분야의 중심적 존재들이 되어 있는 오늘날 하방 시대를 회상하여 회상록, 동인지, 인터넷 자료실 같은 것들을 많이 만들어내고 있다.

을 보면 두 차례의 물마루를 볼 수 있다. 문화혁명이 개시된 1966년의 이듬해부터 1969년까지에 첫 번째 물마루가, 그리고 1974년부터 문화혁명이 종결된 해의 이듬해인 1977년까지에 두 번째 물마루가 일어났다. 도시에서 농촌 또는 변경으로 하방된 청년들은 연간 150만~260만 명에 달했다.

　지식청년이란 기본적으로 비농업 호적을 가진 도시 주민들의 자녀들이다. 여기서는 2000년의 인구센서스 및 『신중국 50년의 사회경제 통계(中國50年社會經濟統計)』(국가통계국)의 비농업 인구수를 토대로 15세(중졸)의 비농업 인구수를 산출하여 하방된 청년들의 상대 수준을 추계한다.

　계산 방법은 다음과 같다. 먼저 2000년 총인구의 연령별 구성비를 계산하고, 48세(1952년생)부터 38세(1962년생)까지의 각 연령의 인구비율을 1967년부터 1977년까지의 각 년도 인구에서 차지하는 15세 인구의 비율로 한다. 그 다음 이 비율과 비농업 인구수를 사용하여 같은 기간의 각 년도 15세 비농업 인구수를 구한다.

　그 결과 놀라운 사실이 드러났다. 1967~1977년의 11년 동안 15세의 비농업 인구는 2,019만 명으로 추정되는데, 그 가운데 1,574만 명이 하방되어 그 비율이 전체의 78%에 달했다. 연차별로 보면 1969년, 1975년에 지식청년의 15세 비농업 인구 비율이 각각 182%, 111%였다. 이것은 문화혁명이 한창일 때 몇 개 학년의 청년들이 일제히 동원되어 하방되었던 까닭이라고 생각된다. 1970년부터 1974년까지의 이 비율은 각각 80%, 41%, 32%, 46%, 82%로, 모두 높은 수준이었다. 이로써 지식청년들의 하방정책이 철저하게 실시되었다는 것을 알 수 있다.

표 1-1 1962-1972년 3대 직할시 지식청년들의 하방 상황

(단위: 만 명, %)

| | 하방 인원수 | 근교 농촌 | 전체 대비 비율 | 다른 성구 | 전체 대비 비율 |
|---|---|---|---|---|---|
| 베이징시 | 29.4 | 4.9 | 16.7 | 24.5 | 83.3 |
| 톈진시 | 31.0 | 4.8 | 15.5 | 26.2 | 84.5 |
| 상하이시 | 89.8 | 23.7 | 26.4 | 66.1 | 73.6 |
| 합 계 | 150.2 | 33.4 | 22.2 | 116.8 | 77.8 |

자료: 劉小萌(1998).

지식청년들의 하방처(下放處)로는 인민공사의 생산대, 집단농장 및 신장 자치구, 헤이룽장성 등에 있는 국영농장이었다. 전 기간을 통해 보면 생산대, 집단농장, 국영농장에 하방된 지식청년들은 각각 전체의 72.2%, 11.4%, 16.4%였다.

〈표 1-1〉에 나타난 3대 직할시의 상황을 토대로 지식청년들의 이동 범위를 보기로 하자. 이 표의 숫자들은 1962년부터 1972년까지의 11년에 한한 것들이고 또한 전술한 두 번째 물마루가 포함되지 않았다는 점도 있어 반드시 지식청년 전체를 나타내는 것은 아니다. 그것을 전제로 하고, 다음과 같은 특징을 지적할 수 있다. 상하이시의 하방 인원수는 같은 기간에 90만 명에 달하여 베이징시와 톈진(天津)시의 합계를 상회했다. 하방처별로 보면 근교 농촌이 차지하는 비율이 도시별로 다르기는 하나, 압도적인 다수의 청년들이 다른 성으로 하방되었다는 공통점이 있다.

마지막으로 지식청년들의 도시 귀환에 대해 그 주된 특징을 지적하겠다(顧洪章, 1997). 통계상의 제약 때문에 연차별 귀환자 수는 불명이지만 1960년대 들어 하방과 병행하여 상당수 청년들이 농촌에서 도시로

돌아왔다. 1962년부터 1973년까지의 12년 동안에 도시로 복귀한 지식청년의 총수는 400만 명 남짓에 이르는데 이는 같은 기간에의 하방자 총수 930만 명 남짓의 43%에 해당된다. 문화혁명이 끝나고 개혁개방 시대에 들어가던 1978, 1979년에 복귀가 집중되었거니와, 1962~1979년 동안 60%가 넘는 사람들이 도시로 돌아왔다. 이와 같은 흐름은 1980년대 초까지 이어졌다. 정확한 숫자를 찾을 수는 없으나 지식청년의 대다수가 다양한 형태로 농촌이나 변경에서 도시, 그중에서도 출신 도시로 귀환했다고 생각된다.

지식청년들의 하방정책은 도시에서 태어난 청년들에게 빈농 등으로부터 배우고 가혹한 환경을 견뎌내는 경험을 쌓게 하여 농촌 건설 등에 유용한 인재를 길러내는 데 그 주된 목적을 두고 있었다. 그런데 이는 명분론이고 내실은 도시의 취직난 문제와 문화혁명기에 파괴력을 보인 청년들을 도시에서 쫓아낼 필요가 있었다는 것이 지적된다. 그러나 도·농 간의 거대한 격차 때문에 중·고교를 갓 졸업한 청년이 농촌의 엄혹한 생활환경에 적응하기란 대단히 어려운 일이었고, 또 토지가 적은 농촌에는 별 쓸모없는 지식청년들을 수용할 만큼의 여력이 없었다. 결국 지식청년들은 환영받지 못하는 잉여 인력이 되어버렸고, 따라서 그들로서는 기회만 있으면 농촌을 떠나려는 것이 당연한 행동이었다.

지식청년들이 농촌에서 탈출하는 주된 통로로는 대학 진학, 군 입대, 국영기업 취직, 발병(發病) 등이 있었다. 문화혁명기에는 진학, 군 입대, 취직 등의 정원 규모가 모두 작았던 만큼 그것을 획득하기 위해 지방 간부들에게 뇌물을 주는 등의 다양한 부정행위가 일어났다. 1978, 1979년에 취직, 발병 등의 이유로 귀환한 인원수가 급증했는데 그 배경에 부모의 조기 퇴직을 조건으로 자녀의 귀환을 인정하는 것, 스스로 수공업 등을 영위할 수 있게 된 것 등이 있었다. 또한 발병을 이유로 한 것들은 대부분 허위였음에도 묵인된 것들이었다. 인구이동의 일반적 법칙을 무시하고 도시에서 농촌으로의 미증유의 인구이동을 인위적으로 추진했던 운동은 결국 완전한 실패로 돌아갔다.

## 결어

이 장의 목적은 몇 가지 통계자료를 토대로 중화민국 시기와 계획경제 시기의 지역 간 인구이동 실태와 그 특징들을 고찰하는 데 있다. 그러나 이동인구에 관한 정의가 시대마다 달랐고 통계자료의 정비 상태도 나빴다. 그 때문에 분석을 통해 얻은 결론이 제한적일 수밖에 없다. 다음과 같이 간단히 정리하겠다.

첫째, 중화민국 시기에는 인구이동이 기본적으로 자유로웠고 농촌지역 내에서의 이동이나 도시-농촌 간 쌍방향 이동이 활발했지만 이동인구가 총인구에서 차지하는 비율은 낮았다. 출관노동이 농촌 - 도시 간에 이동하는 가장 중요한 이유였고, 전란이나 자연재해에 기인한 것도 적지 않았다. 또한 정부의 이민정책에 따라 산둥성, 허베이성에서 동북지역으로의 대규모 이민이 있었다.

둘째로, 계획경제 시기에는 「호적등기조례」를 비롯한 여러 가지 이동억제정책이 실시되어 지역 간 이동인구의 상대 수준이 낮았다. 1950년대 말의 대약진운동 및 그 실패 후 수년 동안은 농촌 - 도시 간 인구이동이 활발했다. 인구이동의 방향에 대해서는, 여러 선진국의 공업화 과정에서 발견되는 농촌에서 도시로의 이동보다 도시에서 농촌이나 변경으로의 이동이 많았다. 이동을 규정한 주요인이 경제 격차가 아니라 지도자의 정치적 판단이었다.

# 제2장

# 개혁개방 시대의 인구이동
## 시장화·국제화는 인구 대이동을 야기한다

근대 경제의 성장을 견인하는 것은 제조업을 비롯한 공업 등의 비농업이다. 공업화가 진행되는 과정에서 농촌에서 도시로의 인구이동이 발생하고 도시화 수준을 나타내는 도시인구 비율도 상승한다. 잉여 인구가 많고 생산성이나 수입 수준이 낮은 농촌에서 소득 수준이 높은 도시로 노동력이 이동하는 것은 극히 자연스러운 일이고, 일하는 사람이 이동함에 따라 그 피부양자인 아이들도 함께 도시로 이동하여 정주하게 되기 때문이다.

일본 등 선진국에서 관찰된 이와 같은 인구이동의 법칙은 시장화 개혁이 시작된 1980년대 이후의 중국에서도 적용되었다. 그것은 농촌에서 도시로의 인구이동뿐 아니라 해외로의 인구이동에도 해당되었다. 이 장에서는 인구센서스 등에 의거하여 시장화·국제화 시대에서의 인구이동의 전체상을 그려보고 그 특징과 규정 요인들을 해설할 것이다.

## 인구센서스와 이동인구

중국에서는 호적의 전출입을 수반하는 지역 간 인구이동을 '천이(遷移)'라고 부르는데, 그 규모 등은 공안행정(公安行政)의 업무통계에 의해 계속적으로 파악되고 있다. 그에 비해 호적의 전출입 없이 지역 간에 이동하는 것을 '유동(流動)'이라고 부른다. 유동인구의 실태는 인구센서스 등에 의해 부분적으로 파악되는데 그에 관한 시계열적 통계자료는 없다.

신중국 수립 후 30년 동안에 전 인구를 대상으로 한 센서스가 3회 실시되었는데(1953, 1964, 1982년), 인구의 지역 간 이동에 관한 조사항목이 채택된 적은 없었다. 일본의 국세조사(國勢調査)와 마찬가지로 일정한 기간 내에 거주지를 바꾼 사람들의 실태를 처음으로 조사한 것은 1987년의 '1% 인구표본조사' 때였다. 그때 이후로 인구센서스는 1990년, 2000년, '1% 인구표본조사'는 1995년, 2005년 등 총4회의 대규모 인구조사(이하 인구센서스로 약칭)가 실시되어 이제는 인구이동에 관한 자료가 풍부하게 축적되었다.

인구센서스에서 지역 간 인구이동은 세 가지 개념으로 인식된다. 즉, 잠주이동(暫住移動), 기간이동(期間移動), 생애이동(生涯移動)이 그것들이다. 그 각각의 이동인구수는 일정한 기준에 의해 집계·공표되는데, 그 의미는 각각 다음과 같다.

잠주이동인구란 조사 시점에 호적등록지를 반년 이상(1990년의 센서스에서는 '1년 이상'이었다. 이하 동일함) 떠나 있는 자를 가리키는데, 이들은 현주지에서 조사표를 작성·제출해야 한다(호적등록지를 떠난 지 반년 미만의 자는 호적등록지에서 작성·제출한다). 이는 조사 시점에서의 이동인구의 저량(stock)을 나타내는 개념인데, 통상 유동인구라 불리는 자들이 이에 해당된다.

기간이동인구란 조사 시점에서 5년 전의 상주지를 기준으로 하여 거주지를 바꾼 자를 가리킨다. 이는 호적의 전출입을 수반한 '천이'인구와 '유동'인구의 양쪽을 포함하는 것으로, 일정한 기간 내에 발생한 이동인구의 유량(flow)을 나타내는 개념이다.

생애이동인구란 출생 시부터 조사 시점까지 사이에 거주지를 옮긴 자를 가리킨다. 일본 등의 국세조사에서는 생애이동에 관한 항목이 일찍부터 채용되었으나 중국에서 이를 처음 도입한 것은 2000년의 인구센서스였다.

그런데 국가통계국이 공표한 인구센서스의 집계 자료에서는 이동인구에 관한 것이 매회 달라 이용할 수 없는 지표가 많다. 그 때문에 이하의 분석에서 이동인구의 상황을 시계열로 보여줄 수 없는 경우들도 존재한다.

## 지역 간 인구이동의 전체상

이하에서 인구센서스 집계 자료를 사용하여 지역 간 인구이동의 전체상을 그려보겠다. 상세한 것은 후술하겠으나 여기서는 결론을 먼저 제시한다. 즉, ① 지역 간 이동인구의 규모가 계속 확대되고 있다. ② 넓은 범위에서 이동하는 사람들의 비율이 상승하고 있다. ③ 농촌이 여전

표 2-1 **여러 가지 기준에 의한 이동인구의 규모와 구성**

(단위: 만 명, %)

| 조사 년차 | 이동인구의 유형 | 이동인구의 총수와 구성 | | | 이동률 |
|---|---|---|---|---|---|
| | | 총수 | 성시구 내 | 성시구 외 | |
| 1995년 | 잠주이동인구 | 6,017 | 82.3 | 17.7 | 4.9 |
| 2000년 | 잠주이동인구 | 14,439 | 70.6 | 29.4 | 11.6 |
| 2005년 | 잠주이동인구 | 14,735 | 66.9 | 34.0 | 12.1 |
| 1990년 | 기간이동인구 | 3,384 | 68.0 | 32.0 | 3.0 |
| 2000년 | 기간이동인구 | 12,759 | 73.4 | 26.6 | 10.3 |
| 2000년 | 생애이동인구 | 37,324 | 79.3 | 20.7 | 30.0 |

주: ① 1990년은 현·시(縣·市) 외로, 그 외는 향진·가도 외로 이동한 인구이다.
　② 1990년은 호적등록지로부터 1년 이상 떠나 있는 자, 그 외는 반년간 떠나 있는 자이다.
　③ 기간이동인구에는 5세 미만의 자가 포함되지 않지만, 그 외는 모두 포함한 것이다.
자료: 각연도 인구센서스 또는 '1% 인구표본조사'.

히 인구의 주된 유출원(流出源)이지만 도시에서 도시로의 인구이동도 급증하고 있다. ④ 유동인구를 받아주는 곳이 농촌에서 도시로 그 무게가 이동하고 있다. ⑤ 각 지역에서의 이동인구의 상대적 수준이 경제 발전 상황에 의해 강하게 규정된다. ⑥ 이동자의 태반이 비교적 높은 교육을 받은 청장년층에 집중되고 있다.

### 이동인구의 규모 확대

〈표 2-1〉은 1990, 2000년의 인구센서스 및 1995년의 '1% 인구표본조사'를 바탕으로 작성한 것이다(자료 공표 방법상의 제약으로 일부 연차의 것들을 이용할 수 없었음). 각 조사에서의 이동인구의 정의(호적등록지를 떠나 있는 기간)에 대해서는 〈표 2-1〉의 주에 밝힌 바와 같이 약간의 차이가 있기는 하나 대략 다음과 같은 특징들을 들 수 있을 것이다.

먼저 호적의 전출입 없이 지역 간에 이동한 잠주이동인구의 총수 및 전체 인구에서 차지하는 비율의 변화다. 1995년의 '1% 인구표본조사'에서는 유동인구 총수가 6,000만 명으로, 전체의 4.9%였다. 그런데 5년 후인 2000년의 인구센서스에서는 잠주이동인구가 단숨에 1억 4,439만 명으로 증가하여 총인구의 11.6%를 차지했다. 총인구는 2000년대 들어서도 늘고 있으나 그 증가 속도는 떨어졌다. 2005년까지의 5년 동안에 296만 명밖에 증가하지 않았다.

그다음으로 저량인 잠주이동인구의 변화는 유량인 기간이동인구의 변화에 의해서도 뒷받침된다. 1980년대 후반, 1990년대 후반의 5년 동안에 호적을 전출입한 '천이'인구와 이를 포함한 전체 이동인구는 각각 3,384만 명, 1억 2,759만 명으로 총인구의 3.0%와 10.3%였다.[1] 이동인구의 급격한 증가는 1990년대 후반의 사건이었다고 할 수 있다. 또한 인구이동의 총 수준을 나타내는 생애이동인구는 2000년에 3억 7,324만 명이었다. 10명 중 3명이 조사 시점까지 상주지를 바꿨다는 계산이다.

### 이동 범위의 광역화

지역 간 인구이동은 규모의 급속한 확대에 그치지 않았다. 이동하는 범위가 점점 더 확대된 것도 통계로 파악할 수 있다. 〈표 2-1〉에 있듯이

---

[1]  5세 미만의 이동인구는 제외되었다. 이를 포함할 경우 이동자 수는 1억 3,122만 명, 이동률은 10.6%로 상승한다. 만약 호적등록지를 떠나 아직 반년 미만인 자들까지를 포함한다면 이동률이 더욱 상승한다.

그림 2-1 **지역 간 이동인구 수의 추이**

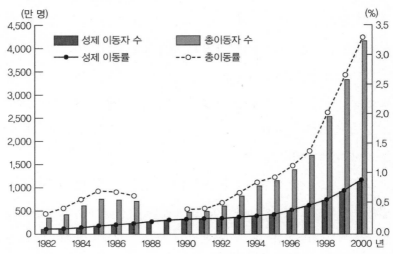

자료: 國務院 人口普査弁公室 外, 『2000年人口普査國家級重點課題研究報告書第3卷 人口流動』(中國統計出版社, 2005年) 등.

1995, 2000, 2005년에 호적등록지에서 타 지역으로 이동해 살고 있는 유동인구 가운데 성시구의 경계를 넘어 광역 이동한 자의 비율이 17.7%에서 29.4%로 다시 34.0%로 상승했다.

이와 같은 현상은 〈그림 2-1〉에 표시된 기간이동인구의 추계결과로부터도 뒷받침된다. 1982년부터 2000년까지의 연차별 이동자 총수, 성제(省際) 이동자 수 및 각각의 총인구 대비 비율(이동률) 추이 등으로부터 알 수 있듯이 연간 이동자 총수는 1990년대 후반에 급증했고, 그중 성제 이동자도 계속 증가했다.

제6장에서도 기술하겠거니와, 유동인구는 호적의 전출입이 없기 때문에 유동인구로 존재하는 것이지만 이 사회집단의 구성원에 변함이 없

는 것은 아니다. 지역 간, 연령계층 간에 상당한 교체가 상시적·자발적으로 일어나고 있다. 그 과정에서 총수가 확대됨과 함께 성제 이동자의 비율도 상승했다. 바꿔 말하면 이동인구는 지역 내 노동시장뿐만 아니라 타 지역의 노동시장에도 진입해 들어간 것이다. 노동시장이 국지적인 것에서 전국 통일적으로 진화해가고 있다고 말할 수 있을 것이다.

## 유동인구의 도시 집중

인구센서스의 공표 자료를 보면 이동인구의 유출처와 유입처의 매트릭스를 이용할 수 있다. 여기서는 도시·진·농촌의 3자 간에 사람들이 어디서 와서 어디로 흘러갔는가를 고찰하여 인구이동의 도시 집중을 드러낼 것이다.

〈표 2-2〉는 두 번의 '1% 인구표본조사'로부터 작성한 유동인구의 유출지와 유입지 관계를 나타낸 것으로서 이 표를 통해 1995년부터 10년 동안에 유동인구의 공간 분포상 어떤 변화가 있었는가를 확인하는 것이 가능하다. 먼저 유동인구의 공급원인데, 농촌 지역이 60%, 진 지역이 10%, 도시 지역이 30%라는 구도에 거의 변함이 없었다. 유동인구란 농촌으로부터의 출관노동자라고 생각하기 쉬운데, 실제로는 도시 지역에서도 많은 사람이 타 지역으로 이동하여 살고 있는 것이다.

공급원별로 본 구성비에 비해 유입선별 구성비는 크게 변하고 있다. 농촌 지역으로의 이입자 비율이 저하하는 대신 도시 지역과 진 지역으로의 이입자 비율이 상승했다. 이것은 농촌 지역에서 농촌 지역으로의 이동자 비율이 저하된 것에도 기인한다. 지역 간 인구이동에 관련된 제

표 2-2 **잠주인구의 유출처와 유입처 구성비**

(단위: %)

|  |  | 전체 | 도시 지역 | 진 지역 | 농촌 지역 |
|---|---|---|---|---|---|
| 1995년 | 전체 | 100.0 | 61.4 | 10.0 | 28.6 |
|  | 도시 지역 | 30.9 | 24.9 | 2.7 | 3.3 |
|  | 진 지역 | 9.3 | 6.1 | 1.8 | 1.5 |
|  | 농촌 지역 | 59.8 | 30.4 | 5.6 | 23.8 |
| 2005년 | 전체 | 100.0 | 65.2 | 19.2 | 15.6 |
|  | 도시 지역 | 29.0 | 24.9 | 2.2 | 1.9 |
|  | 진 지역 | 9.7 | 5.2 | 2.9 | 1.6 |
|  | 농촌 지역 | 61.3 | 35.1 | 14.1 | 12.1 |

주: ① 표의 세로는 유출처, 표의 가로는 유입처를 나타낸다.
　　② 1995년은 현 외로의, 2005년은 향진·가도 외로의 잠주이동인구이다.
자료: 1995년, 2005년의 각 '1% 인구표본조사'.

도상의 규제가 완화되었고 또한 농촌 출신자의 도시 지역, 특히 진 지역
으로의 이동이 쉬워졌다고 생각된다.

또한 2000년의 인구센서스 조사결과에 의하면 도시 지역에 이주하여
생활하고 있는 유동인구 가운데 농업호적[2]을 가진 이른바 농민공과 그
가족들은 전체의 78.5%를 차지한다. 인구센서스는 사람들이 어떤 이유
로 지역 간에 이동하는가에 대해서도 조사했다. 그 이유는 전근, 진학,
결혼, 수반(隨伴) 등으로 다양하지만 출관노동을 위해 지역 간에 이동한

---

2　1958년에 제정·시행된 「호적등기조례」에 의해 직업을 토대로 개인의 호적을 농
　업 또는 비농업으로 등기하는 것이 제도화되었다. 그 후 여러 가지 이유로 호적
　이 신분으로 변해버려, 농업호적을 가진 농민과 비농업호적을 가진 도시민 간에
　취업, 사회보장 등에서 큰 차이가 생겨났다. 중국 사회는 호적제도의 존속에 의
　해 도시와 농촌으로 분단된 이중구조이다.

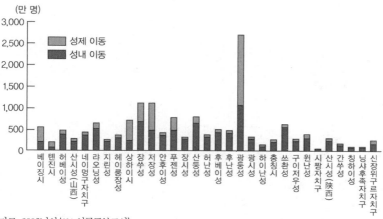

그림 2-2 **지역별 유동인구 수(2005년)**

(만 명)

범례:
- 성제 이동
- 성내 이동

자료: 2005년의 '1% 인구표본조사'.

자가 전체의 60%로 가장 많았다. 그리고 출관노동을 위해 이동한 자 가운데 88%가 농민공이었다.

### 인구이동과 지역의 경제 발전

한편 성시구별로 유동인구는 어떻게 분포되어 있는가? 이와 관련하여 2005년의 '1% 인구표본조사'에 바탕을 둔 추계치를 사용하여 〈그림 2-2〉를 작성해보았다. 〈표 2-1〉에도 있듯이 2005년의 유동인구 총수는 1억 4,735만 명이었는데 그 지역적 분포가 현저하게 편향되어 있다. 광둥, 장쑤, 상하이, 베이징, 푸젠 등 경제 발전이 빠른 연해 지역에는 호적을 고향에 남겨놓은 채 이동한 유동인구가 수백만 명에서 수천만 명에 이르렀다. 광둥의 2,665만 명은 특히 많은 것이지만, 타 지역으로부터의 성제 이동을 보자면 창장(長江) 삼각주(상하이, 장쑤, 저장)와 베이징에도

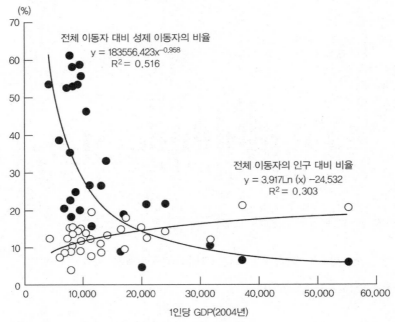

그림 2-3 **소득 수준과 이동인구 비율(2005년)**

전체 이동자 대비 성제 이동자의 비율
$y = 183556.423x^{-0.958}$
$R^2 = 0.516$

전체 이동자의 인구 대비 비율
$y = 3.917Ln (x) -24.532$
$R^2 = 0.303$

1인당 GDP(2004년)

자료:『中國統計年鑑』(2005年), 2005년의 '1% 인구표본조사'.

공통된 특징이 보인다. 그것은 전체 유동인구에서 차지하는 성제 이동의 비율이 높다는 점이다.

물론 각 지역에서의 유동인구의 총수는 각각의 인구 규모와도 관련되는 것이지만 유동인구의 상대 수준 및 이동 패턴이 경제의 발전 상황에 의해 강하게 규정되고 있다는 것은 〈그림 2-3〉으로 확인할 수 있다. 이 그림의 가로축은 2004년 각 지역의 1인당 GDP, 세로축은 전체 이동자(성내와 성제 모두)의 인구비, 성제 이동자의 전체 이동자 대비 비율을 나타낸다. 그중에 1인당 GDP(경제의 발전 수준으로 간주해도 좋다)와 이동인구 비율 간의 관계를 나타내는 근사 곡선 및 그 함수식도 표시해두 었다.

〈그림 2-3〉에서 알 수 있는 것은 적어도 다음 두 가지 점이다. 하나 는 경제 발전 수준이 높은 지역일수록 그곳의 전체 이동자의 인구 비율 이 높아진다는 점이다. 역으로 말하면 경제적으로 뒤떨어진 지역일수록 인구이동의 상대 수준이 낮아지는 경향이 있다. 가난하기 때문에 이동 을 하지 않는 것일까, 아니면 이동할 수 없기 때문에 가난해졌을까 판단 하기 어렵지만 아무튼 흥미로운 현상이다.

또 하나는 경제 발전 수준이 낮고 전체 이동자의 인구비율도 낮은 지 역에서는 그 이동자 가운데 다수가 성외의 타 지역으로 가고 있다는 점 이다. 쓰촨(四川), 안후이, 장시(江西), 후난(湖南) 등의 중서부에서는 전 체 이동자의 50~60%나 되는 사람들이 성외로 빠져나가고 있다. 후술하 듯이 유동인구의 교육 수준이 높고 그 태반이 청장년층에 집중되어 있 다는 특징을 생각할 때 인구이동이 지역경제에 미치는 영향을 심각하게 검토할 필요가 있다.

### 유동인구의 공급지와 흡수지

인구이동의 흐름을 다른 각도에서 다시 살펴보기로 하자. 〈표 2-3〉 은 2005년의 '1% 인구표본조사'로 포착한 주요 인구 유출 지역(100만 명 이상)의 성외 유출자 수 및 그 흡수지의 구성을 나타낸 것이다. 이 표에 서 잘 알려진 몇 가지 사실을 재확인할 수 있다.

즉, ① 내륙부가 유동인구의 주요 공급원이다. ② 베이징·톈진, 창장

표 2-3  **성외 유출인구 총수 및 흡수지별 구성(2005년)**

(단위: 만 명, %)

| | 성외 유출자 총수 | 베이징·톈진 | 창장 삼각주 | 광둥 | 3대 경제권의 비율 |
|---|---|---|---|---|---|
| 쓰촨성 | 586 | 27 | 167 | 212 | 69.3 |
| 안후이성 | 577 | 37 | 437 | 38 | 88.7 |
| 후난성 | 467 | 8 | 52 | 341 | 85.9 |
| 허난성 | 453 | 54 | 131 | 148 | 73.5 |
| 장시성 | 372 | 8 | 129 | 140 | 74.5 |
| 후베이성 | 356 | 20 | 81 | 180 | 78.9 |
| 광시구 | 284 | 2 | 12 | 254 | 94.4 |
| 충칭시 | 233 | 6 | 57 | 80 | 61.4 |
| 구이저우성 | 232 | 2 | 97 | 72 | 73.7 |
| 장쑤성 | 179 | 16 | 112 | 12 | 78.2 |
| 헤이룽장성 | 159 | 32 | 11 | 8 | 32.1 |
| 산둥성 | 143 | 49 | 40 | 14 | 72.0 |
| 허베이성 | 141 | 92 | 8 | 5 | 74.5 |
| 저장성 | 123 | 11 | 46 | 12 | 56.1 |
| 산시(陝西)성 | 108 | 9 | 18 | 33 | 55.6 |
| 기타 | 605 | 85 | 110 | 92 | 47.4 |
| 전 국 | 5,018 | 458 | 1,508 | 1,641 | 71.9 |

자료: 2005년의 '1% 인구표본조사'.

삼각주, 광둥이라고 하는 3대 경제권이 성제 이동자의 70% 넘게 차지한 주요 흡수지들이다. ③ 각 지역이 3대 경제권에 대하여 비슷한 비율로 노동력을 공급하고 있는 것이 아니고, 공간 거리가 그것에 강한 영향을 미치고 있는 것으로 보인다. 예를 들면 안후이·장쑤·장시가 창장 삼각주로, 쓰촨·후난·광시(廣西)가 광둥으로, 허베이·허난(河南)·산둥이 베이징·톈진으로, 각각 가까운 곳으로 많은 사람이 흘러들어 가고 있다. 이동에 따른 비용의 다과, 전통적인 지연이나 혈연관계 등에서 볼 때 그러한 결과는 자연스러운 현상일 것이다.

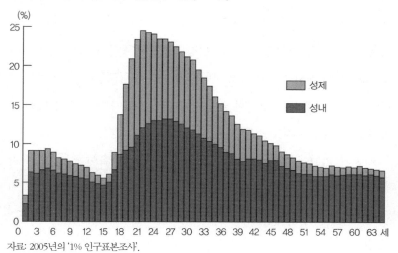

그림 2-4 **연령별로 본 잠주이동인구 비율(2005년)**

(%)

범례:
- 성제 (밝은 회색)
- 성내 (어두운 회색)

자료: 2005년의 '1% 인구표본조사'.

## 개인의 속성과 이동률

인간은 다양한 목적으로 공간을 이동한다. 또한 무엇을 위해 이동하는가에 따라 이동자의 연령이나 성별, 교육이 크게 다르다. 여기서는 먼저 연령과 이동률(이동자가 각 연령의 인구수에서 차지하는 비율)의 관계를 보기로 하자.

〈그림 2-4〉는 2005년의 '1% 인구표본조사'로 얻어진 각 연령의 이동률을 성내, 성외별로 나타낸 로저스 모델이다. 로저스 모델에 대한 해설 및 2000년의 인구센서스 집계 자료를 사용한 실증적 분석에 대해서는 얀샨핑(嚴善平, 2005)을 참조하기 바라고, 이하에서 2005년의 유동인구에서의 연령과 이동률의 관계를 살펴보기로 한다.

〈그림 2-4〉에 표시된 이동률을 각 연령의 인구가 지역 간에 이동할

때의 확률로 간주한다면 '이동'이란 행동이 높은 선택성을 갖는다는 것을 이해할 수 있다. 다시 말해 누구나 같은 확률로 지역 간 이동을 하는 것은 아니다. 종합하여 말한다면 청장년층이 이동하기 쉽고 그 이동률도 높다. 중국에서는 10대 후반부터의 이동률이 급격한 상승 곡선을 그리며 올라가서 20대 전반부에 높은 수준을 유지하다가 그 후로 다시 급속히 내려간다. 이것을 첫 번째 특징으로 꼽을 수 있다.

이동의 범위에 대해서도 역시 청장년층에서 광역 이동자의 비율이 높다. 타관 생활에 적응하는 능력이 젊은이들에게 높기 때문이라고 일반적으로 해석되는데, 이는 중국의 사정에도 해당되는 말이다.

이 그림을 통해 중국적 특수성도 발견할 수 있다. 15세 이하의 학생, 특히 유아의 이동률이 대단히 낮다는 점이 그것이다. 로저스 모델에 의하면 연소 인구는 보호자를 필요로 하는 피부양자여서 통상 부모가 이동할 경우 그 자식들도 데리고 이동한다고 한다. 그러나 중국에서는 그러한 경향을 찾아볼 수 없다.

유동인구의 주체가 농촌으로부터의 출관노동자 및 그 가족이라는 것을 감안할 때 지역 간에 이동한 부모와 함께 살 수 없는 연소 인구가 많다고 생각할 수 있다. 이 아이들은 고향에서 생활하도록 강요받은, 이른바 유수아동(留守兒童: 남겨진 아동)들이다. 한편으로 유동인구로서 부모와 함께 도시 지역 등에서 살고 있는 연소 인구(민공 자녀)도 많다. 2005년의 조사 시에는 15세 이하의 유동인구가 1,994만 명으로 그 가운데 7세 이하가 928만 명으로 추정되었다. 만약 호적등록지를 떠난 지 반년 미만의 사람들까지를 포함한다면 이 숫자는 더 커질 것이다.

# 국제 인구이동의 새로운 전개

중국의 인구이동은 국내에서의 이동뿐만 아니라 해외로의 이동에서도 미증유의 상황을 보이고 있다. 세계 각국에 정주하는 중국인 또는 중국계 현지인[3]은 2000년경에 3,300만 명에 달한다고 한다. 근년에 유학, 관광, 비즈니스, 국제결혼 등으로 해외로 이동하는 자가 계속 늘고 있고, 그 가운데 일부는 현지에 남아 보통 시민으로 살아가고 있다. 그 배경에는 해외유학을 장려하는 정부 정책이 있고, 또 중국의 경제 성장과 국제화에 따라 유학 등으로 해외에 나간 중국인들에게 일할 기회가 늘어난 사정도 있다. 거주국의 대학, 기업, 정부계 연구소 등 각종 직장에 근무하는 중국인들이 나타나 현지 사회의 발전 및 거주국과 중국 간의 관계 강화에 일정한 역할을 하고 있다. 이 절에서는 중국의 국제 인구이동, 특히 일본에 있는 중국인들의 상황을 개관하기로 한다.

## 국제 인구이동의 활성화

〈그림 2-5〉는 출입국자(타이완, 홍콩, 마카오와 대륙 사이에 왕래하는 도항자들을 포함함. 이하 동일)의 총수 및 사적으로 해외에 나간 사람들의 비율 등을 나타낸 것인데, 국제 인구이동이 활발해졌다는 것을 한눈에

---

3  해외에 정주하는 중국인으로 화교 또는 화인(華人)으로 불리는 경우가 많다. 거주국의 국적을 취득한 자는 '중국계 ~人'이 되고, 중국 국적을 가진 채 거주국의 영주권을 획득한 자는 화교(1980년대 이후의 출국자는 '신(新)화교')라 불린다. 화인은 이 양자의 총칭이다. 유학생이나 여행자는 이 범주에 들어가지 않는다.

그림 2-5 **중국의 출입국자 수 추이**

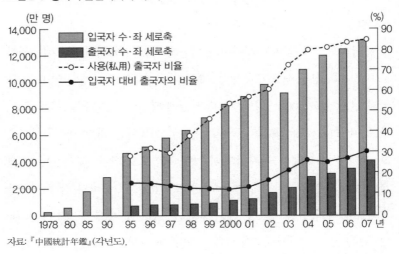

자료: 『中國統計年鑑』(각년도).

알 수 있다. 조금 더 구체적으로 설명하겠다.

1978년부터 2007년까지의 30년 동안에 중국 대륙에 입국한 사람의 수는 181만 명에서 1억 3,187만 명으로 73배로 확대되었고, 그중에서 외국 국적의 입국자 수도 같은 기간에 23만 명에서 2,610만여 명으로 100배 이상 증가했다(모두 연인원수임).

한편 중국에서 출국한 자의 수에 대해서는 1995년 이후의 자료밖에 이용할 수 없는데, 2000년에 1,000만 명, 2007년에 4,100만 명으로 급증을 계속하고 있다. 이것은 외국에서 입국한 자와 거의 같은 규모다. 강조하고 싶은 것은, 사적으로 국외에 나가는 사람의 비율이 급상승하고 있다는 점이다. 〈그림 2-5〉와 같이, 사적인 출국자 비율이 1995년에 29%였는데 2007년에는 85%로 커졌다. '국제 인구이동의 자유화'라 해

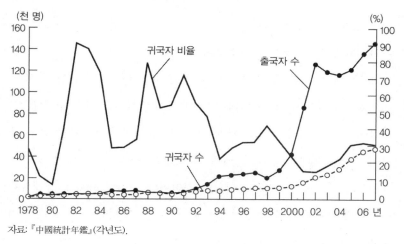

그림 2-6 **유학생 출국자 수와 귀국자 수**

자료: 『中國統計年鑑』(각년도).

야 할 현상이다.

국제 인구이동의 경로로서 가장 중요한 것은 해외유학이다. 1970년
대 말 이래 대외개방 정책의 일환으로 유학생들을 선진 각국에 파견하
는 것이 추진되었는데, 〈그림 2-6〉이 보여주듯이 1990년대 초까지 유학
으로 해외에 나간 사람의 수는 수천 명에 머물렀다. 또한 유학생의 반수
가까이가 학업을 마치면 귀국했다. 그와 대조적으로, 1992년 이후 새로
운 유학 정책(유학 지지·귀국 장려·왕래 자유)[4]이 수립된 것의 영향으로 사

---

4  개혁개방과 더불어 중국 정부는 공비(公費) 유학생들을 선발하여 일본, 미국, 유
   럽 등 선진 제국에 파견했다.  1980년대 초에는 주로 학부생 또는 석사과정을 위
   주로 한 유학생 파견이 이어졌는데, 1980년대 후반이 되자 정부에 의한 공비 파
   견이 없어지고 그 대신 대학과 기업들에 의한 파견과 사비 유학이 급증했다.  유
   학 붐은 1989년의 천안문 사건 후에도 큰 변화가 없었다.

비 유학생이 급증했다. 해외로의 유학생 총수는 1993년에 처음으로 1만 명을 돌파했고, 1995년 이후 2만 명 남짓이라는 높은 수준을 유지했다. 다시 2002년에는 12만 명 이상이 되었다.

유학생이 급증한 배경에는 다음과 같은 요인들이 있었다. ① 경제 발전으로 국민들이 다소 윤택해진 덕분에 자식을 사비로 해외 유학시키는 사람이 늘어났다. ② 자식의 대부분이 '한 자녀 세대'에 속하여 해외 유학이 가능한 세대의 층이 두터워졌다. ③ 1990년대까지 유학 후 현지에 정주하는 사람이 늘어났다. 이들이 친척이나 지인의 유학을 중개하게 됨으로써 해외 유학이 많은 사람에게 비근한 일이 되었다. ④ 여러 선진국에서 자식이 적어진 문제(소자화 문제)를 극복하기 위한 수단으로 해외의 우수한 인재들을 불러들이는 데 적극적으로 나섰다.

1980년대에는 대학원에의 진학, 1990년대에는 대학원 또는 대학에의 진학이 유학의 주요 내용이었는데, 근년에는 부를 획득한 기업가 등이 자식을 미국이나 영국, 호주의 고교 또는 소·중학교로 유학시키는 유학생의 연소화 현상이 두드러지고 있다. 상하이에 사는 필자의 지인은 고교를 졸업한 외동딸을 연간 5, 6만 달러를 들여 미국의 명문대학에 유학시키고 있고, 필자가 2000년에 인터뷰한 저장성 원저우(溫州)의 한 사영 기업가는 어린 두 자식을 소학교부터 미국 학교에 유학시키고 그들을 돌보도록 처를 (미국에) 상주시키고 있는데, 이런 일이 결코 드문 일이 아니다.

사비로 유학하는 자가 늘고 있고 학업을 마치고도 귀국하지 않는 사람의 비율도 높아지고 있다. 〈그림 2-6〉을 보면 알 수 있듯이, 귀국자 수가 순조롭게 증가하고 있기는 하나 출국자 대비 귀국자의 비율은 낮은 수준에 있다. 게다가 일단 귀국한 자가 다른 신분으로 재차 해외로 나가는 일도 많다. 그러한 사실을 감안하면 이제 중국 유학생의 과반수는 졸업 후 그 나라에 남아 그 나라의 시민으로 살아가고 있는 상황이라고 말할 수 있겠다.

그런데 국제 이동인구는 주로 어떤 지역에서 나오고 있을까? 1990년과 2000년의 인구센서스 및 1995년의 '1% 인구표본조사'에 의거하여 살펴보자. 〈표 2-4〉는 호적등록지에서 반년 이상 출국해 있는 자의 인구비율 및 지역별 출국자의 구성을 나타낸 것이다. 여기서 두 가지 점을 지적할 수 있다.

첫째로 국제 이동인구는 주로 상하이, 베이징 같은 대도시, 푸젠, 장쑤, 톈진, 저장, 광둥 같은 연해 지역, 헤이룽장, 지린(吉林), 랴오닝(遼寧) 같은 일본인 잔류 고아(孤兒)들이 많이 살던 동북지역에서 집중적으로 배출되었다. 상위 10개 지역의 출국자 수가 전체의 80% 이상을 차지했다.

둘째로 1990년의 상황에 비해 1995년, 2000년에 국제 이동인구상의 지역적 편차가 많이 개선되었다. 상하이, 베이징, 푸젠이 상위를 차지하고 있는 데에 변함은 없지만, 그 각각의 총인구 대비 비율이 달라졌고 또 그 밖의 연해 지역들에서도 출국자를 증가시켰다는 것은 주목할 만한 일이다(변동계수의 변화를 보더라도 이것을 확인할 수 있다). 개혁개방이 진행됨에 따라 모든 지역에서 국제 인구이동이 활발해진 것이다.

표 2-4 인구센서스로 보는 출국(출경)자 수의 지역별 구성과 인구 대비 비율

| | 지역별 구성비(%) | | | 총인구 대비 비율(만분율) | | |
|---|---|---|---|---|---|---|
| | 1990년 | 1995년 | 2000년 | 1990년 | 1995년 | 2000년 |
| 푸젠성 | 12.5 | 28.1 | 24.8 | 9.8 | 19.9 | 43.4 |
| 베이징시 | 20.7 | 9.2 | 7.4 | 45.3 | 16.8 | 41.3 |
| 상하이시 | 28.0 | 15.3 | 8.0 | 49.7 | 24.7 | 35.5 |
| 지린성 | 1.2 | 5.3 | 10.7 | 1.1 | 4.7 | 23.3 |
| 저장성 | 1.8 | 4.2 | 10.2 | 1.1 | 2.2 | 13.3 |
| 랴오닝성 | 3.1 | 2.4 | 7.2 | 1.8 | 1.4 | 10.5 |
| 헤이룽장성 | 1.5 | 6.5 | 6.2 | 1.0 | 4.0 | 9.9 |
| 톈진시 | 1.6 | 1.8 | 0.9 | 4.3 | 4.4 | 6.0 |
| 장쑤성 | 5.1 | 6.4 | 6.2 | 1.8 | 2.1 | 4.9 |
| 광둥성 | 7.9 | 3.1 | 4.8 | 3.0 | 1.0 | 3.8 |
| 상위 10지역 | 83.4 | 82.3 | 86.4 | | | |
| 전국 합계(%) | 100.0 | 100.0 | 100.0 | 2.1 | 1.9 | 4.6 |
| 변동계수 | 1.9 | 1.7 | 1.5 | 2.7 | 2.0 | 1.7 |

주: 2000년의 인구센서스에서는 윈난성의 출경(出境)자 수가 22만 명으로 전체의 29%를 차지했다. 급
증한 이유가 불분명하기 때문에 이 표에서는 그것을 제외했다.
자료: 인구센서스, '1% 인구표본조사'.

### 재일 중국인들의 동향에서 본 국제 인구이동

중국으로부터의 국제 인구이동을 그것을 받아들이는 쪽에서 본다면
어떻게 될까? 여기서는 재일 중국인들의 동향에 초점을 맞춰보기로 한
다. 〈그림 2-7〉은 「재류외국인통계(在留外國人統計)」를 사용하여 작성
한 것이다(타이완인은 제외). 재류 외국인 통계이기 때문에 일본 국적을
취득한 중국 출신자들은 제외되었다.

대륙 출신으로서 외국인으로 등록되는 중국인 총수는 대외개방 초기
인 1984년에는 불과 3만 5,000명 정도밖에 되지 않았다. 그 후 양국의
경제 관계가 긴밀화함에 따라 재일 중국인의 총수가 계속 늘어나 2007
년에는 56만 5,000명이나 되었다. 30년 남짓한 시간 동안에 16배가 된

그림 2-7 재일 중국인(대륙) 등록자 수 및 출신지별 구성의 추이

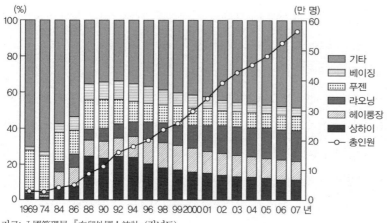

자료: 入國管理局, 『在留外國人統計』(각년도).

것이다. 그리고 외국인 등록자 수에서 중국인이 차지하는 비율도 1991
년의 13.9%에서 2007년의 28.4%로 높아졌고, 순증분의 47%도 중국인
의 증가에 의한 것이라 한다.

재일 중국인들의 출신지별 구성도 전술한 '출국자의 지역별 구성'상
의 변화를 반영하여 특징적인 경향을 보여주고 있다. 상하이, 랴오닝,
베이징, 헤이룽장 출신 재일 중국인은 같은 기간 중 각각 27배, 46배, 13
배, 18배로 증가했다. 화교를 많이 배출한 푸젠 출신의 재일 중국인은
1984년의 5,825명으로부터 2007년의 4만 8,000명으로 7배로 늘었으나,
전체에서 차지하는 비율은 1984년의 16.6%에서 2007년의 8.4%로 저하
했다. 인적 연결고리가 국제 인구이동을 강하게 규정한다는 전통적인
이동 모델이 이제는 재일 중국인들의 변화에 잘 적용되지 않고 있다. 이
것은 근년 들어 중국의 국제 인구이동 메커니즘에 큰 변화가 발생했다

는 것을 의미한다.

재일 중국인의 신분에 대해서는 일본의 입국관리국 통계에 의하면 영주자가 2008년에 17%로, 1999년의 14%에서 약간 신장한 수준에 머물고 있다. 절대 다수의 재일 중국인은 비(非)영주자 신분이다. 또한 비영주자의 체재 신분을 보면, 일본인의 배우자, 기술·투자·경영·국제 업무 관련 취업자 등 다양한데, 이들을 합하면 비정주자(非定住者)의 절반에 해당된다. 이 사람들을 실질상의 국제이민으로 보면 될 것이다. 나머지 절반은 유학·취학·가족 체재·연수로 체재하는 자들로 구성된다. 후자의 상당 부분은 그대로 일본 회사 등에 취직하여 시간이 흐름에 따라 영주자 또는 일본인이 될 것으로 예측된다. 그리고 새로운 유학생 등이 그 빈자리들을 메워간다. 이와 같은 국제 인구이동은 아마 미국 등지에서도 관측될 것이다(미국은 중국인 유학생이 가장 많은 나라다).

중국에서는 유학을 통해 해외에 정주하는 패턴의 국제이민이 당분간 계속될 것이다. UN의 통계에 의하면 2000년 말 현재 세계 각국의 유학생 총수는 160만 명에 달하는데 그 가운데 중국인 유학생이 38만 명으로 전체의 24%를 차지하고 있다. 근년의 중국인 유학생의 귀국자 비율(약 1/4)을 생각하면 대다수의 유학생이 결과적으로 해외에 남아 정주하고 있는 것으로 보인다. 이것은 중국과 유학처 양쪽에 큰 영향을 미칠 문제다.

연줄에 따라 이민이 이어지는 전통적인 방식의 국제 인구이동도 계속될 것이다. 해외 이주의 주된 목적이 지금까지는 외국의 풍요로운 물질생활에 있었는데 이제는 그것에 그치지 않고 좀 더 안정된 사회 환경이나 좀 더 쾌적한 자연환경 또는 좀 더 자유로운 정치적 공간을 추구하는 것이 늘어나고 있다. 체제 이행이나 시장경제화 과정에서 부유해진 계층에서 그러한 사람들이 늘어나고 있음에 틀림없다. 그런 경우 그들이 주로 찾는 곳은 미국, 캐나다, 호주 등이라고 한다.

한편 해외에서 귀국 또는 일시 귀국한 유학생들은 각종 기업을 일으키거나 또는 국내 대학이나 연구소와 높은 수준의 공동연구를 수행하고 있다. 정부는 이들 유학 후 귀국자들이 가진 기술력, 자금력, 외국과의 파이프라인으로서의 역할 등을 중시하여 '유학생 창업 단지'를 조성해주는 등 그들의 귀국을 적극적으로 돕고 있다. (정부는 — 옮긴이) 귀국한 자든 해외에 정주하고 있는 자든 상관없이 국내 경제 발전 또는 외국과의 가교에 어떤 역할을 할 것으로 기대하고 있다. 인재의 해외 유출이란 부정적 측면이 있다는 것을 부정할 수는 없으나 중장기적으로 생각하면 해외 유학의 확대는 중국의 국제화에 플러스로 작용할 가능성이 훨씬 크다.


## 결어


이 장에서는 인구센서스의 집계 자료 등을 토대로 개혁개방 시대의 지역 간 인구이동의 규모, 이동하는 방향, 이동률과 경제 발전과의 관계, 이동자의 호적이나 연령에 관한 특징, 그리고 국제 인구이동의 상황 등에 대해 상세하게 도설(圖說)했다. 그 주된 결론을 다음과 같이 정리할 수 있을 것이다.

1990년대 이후의 중국에서는 호적등록지를 떠나 타 지역에 이동하여 상주하는 이른바 '유동인구'가 급증했다. 유동인구의 약 80%는 농업 호적을 가진 농민들인데, 그 주체는 비교적 높은 학력을 가진 청장년들이다. 유동인구가 이동하는 범위가 넓어지는 한편 그들을 내보내는 지역이나 그들을 흡수하는 지역들이 점점 더 집중되고 있다. 또한 인구이동은 농촌 - 도시 간뿐만 아니라 도시와 도시 간에도 확대되고 있다. 그리고 유학 등을 통한 해외이민도 급격히 늘어나고 있는데, 이웃 일본으로도 많은 중국인이 이주해 오고 있다.

시장화·국제화가 심화되고 있는 중국에서는 지역 간 또는 국경을 뛰어넘는 인구이동이 더욱 진전될 것이다. 이것은 사회의 유동화를 말해주는 현상으로서, 도시와 농촌에 의한 이중구조를 해체하고 시민사회가 도래하는 것을 촉진하는 큰 힘이 될 것이다. 그런 의미에서 중국의 전례 없는 인구 대이동을 우리는 높이 평가해야 한다.

제3장

# 농민공과 농민공 정책
## 농촌과 도시에 의한 이중구조의 변용


앞 장에서 기술했듯이, 1990년대 이래 대규모 인구이동이 광범위하게 전개되어왔다. 이동인구의 80% 정도는 농업호적을 가진 농촌으로부터의 출관노동자, 즉 농민공 및 그 가족들이다. 당초 '맹류(盲流: 목적 없는 유동)'라고 불리었던 이 사람들은 후에 '민공조(民工潮)'라 불리면서 도시와 농촌을 연결하여 전통적인 이중구조[1]를 붕괴시키는 존재로서 주목받았다.

'세계의 공장'을 떠받쳐 고도성장을 가능케 한 1억 3,000만 명의 농민공들에 대해 이제는 적극적인 평가가 많아졌고, 그들에 얽힌 제 문제(제5장에서 상술)를 풀기 위해 많은 정책적 노력이 경주되고 있다. 그러나

---

1 이중구조란 용어는 전후 일본의 산업구조를 말하면서 흔히 사용되었는데, 중국에서는 루이스의 이중경제론(제6장)이 중국에 도입된 1980년대 후반에 '이원결구(二元結構)'란 말로 번역되어 도시와 농촌의 분단 상황을 표현하는, 비교적 새로운 용어이다.

여기에 이르기까지 몇 번의 우여곡절이 있었다.

이하에서 농민공이라는 사회집단의 실상을 규명하고 그것을 바탕으로 농민공 정책 및 그 전환 프로세스를 고찰하기로 한다.

### 「농민공 문제 40조」

2006년 3월 국무원은 「농민공 문제 해결에 관한 약간의 의견」이라고 하는 1만여 자, 40조로 구성된 통달(通達, 이하 「농민공 문제 40조」로 약칭)을 각 성시구, 중앙의 각 성청(省廳)과 직속기관들 앞으로 보냈다. 거의 같은 시기에 국무원 연구실이 이 통달의 배경자료로서 『중국농민공조사보고(中國農民工調査報告)』라는 43만 자로 된 보고서를 펴냈다(國務院研究室課題組, 2006).

원자바오 총리의 지시를 받은 국무원 연구실 주도하에 농민공과 관련된 거의 모든 중앙 성청의 조사연구 부문, 사회과학원, 기타 전문가들이 총력을 경주하여 농민공의 이동, 구직, 취업, 생활, 사회보장, 자녀의 학교교육 등에 관한 실태조사를 실시했다. 그럼으로써 제반 문제의 실태가 드러났고 문제 해결을 위한 처방전들도 마련되었다. 정부는 농민공들의 권익을 보호하고 도시-농촌의 통일된 노동시장 구축을 목표로 제반 제도상의 개혁을 심화시켜가겠다는 입장을 분명하게 밝혔다.

농민공이란 누구인가? 어떤 곳에 문제가 있는가? 이 두 가지에 대해 「농민공 문제 40조」는 다음과 같이 기술하고 있다. 즉, 농민공이란 농업호적을 농촌에 남겨둔 채 주로 비농업에 종사하는 자들을 가리킨다. 농한기에 밖으로 나가는 출관노동을 하지만 농번기가 되면 돌아와 농업을 하는 유동성이 높은 자들이 있는가 하면, 오랫동안 도시 지역에서 일하면서 산업노동자의 주요 구성 부문을 이루고 있는 자들도 있다. 농촌에서 도시로의 출관노동자뿐만 아니라 농촌 지역의 향진기업들에서 일하는 겸업 또는 전업 노동자도 농민공에 포함시킨 것은 정부의 공식 문서로서는 이것이 최초의 일이다.

또한 농민공들과 관련된 주된 문제로는 급여가 지나치게 낮은 데다 지불이 지연되는 일이 많은 점, 안전성을 결여한 취업환경하에서 장시간 노동을 강요받고 있다는 점, 사회보장이 부족하여 직업병이나 산재사고가 빈발하고 있다는 점, 직업훈련이나 자녀의 취학, 거주 등 생활환경에서도 많은 곤란이 있어 경제·정치·문화 관련 권익들이 충분히 보장되지 않고 있다는 점 등이 열거되었다.

「농민공 문제 40조」는 농민공은 중국의 개혁개방과 공업화, 도시화 과정에서 나타난 신형 노동자로서 도시의 번영과 농촌의 발전 및 국가의 근대화 건설에 중대한 공헌을 해왔다고 농민공들이 수행한 역할을 적극적으로 평가하는 한편 현존하는 많은 문제가 적지 않은 사회적 모순 또는 문제를 야기하고 있는바, 그것들을 말끔히 해결하는 것은 사회적 공평과 정의를 옹호하고 사회의 조화와 안정을 유지하는 데 필요불가결하다고 하여, 농민공 문제의 위험성을 인정하고 문제 해결의 의의를 강조했다.

「농민공 문제 40조」를 제정한 목적은 도시-농촌 간의 불균형 발전을 시정하고 농민공의 합법적 권익을 보장하며 농민공의 취업환경을 개선하고 농촌 잉여 노동력의 질서 있는 이동을 유도하여 전면적인 샤오캉

(小康) 사회[2] 건설 프로세스를 추진하는 데 있다고 되어 있다. 그리고 그것을 실현하기 위한 기본원칙 몇 가지가 제시되었는데, 가장 중요한 것은 농민공을 도시민과 똑같이 취급하여 양자가 평등한 대우와 권익을 향수하는 것이라고 했다. 구체적으로는 이주, 직업 선택, 취로 조건, 의료·연금·산재·실업 등의 사회보장, 주거, 자녀의 취학, 직업훈련 등에서 농민공이 비농업호적의 도시민과 똑같은 권리를 누릴 수 있도록 호적제도를 포함한 제반 제도상의 개혁을 심화시켜갈 필요가 있다고 했다.

사회의 '약세군체(弱勢群體: 세력이 약한 집단)'인 농민공들과 관련하여 여기까지 나아간 국무원 통달의 내용은 높이 평가할 만하다. 이는 후진 타오·원자바오 정권이 농민과 농촌이 전근대적인 호적제도에 의거하여 차별적으로 취급되어온 상황을 개선하여 도시와 농촌 또는 도시 내 도시민과 농민공의 이중구조를 타파하겠다는 강한 결의를 표명한 것이기 때문이다. 그러나 이를 뒤집어보면 기왕의 중국에서는 농민공이 심하게 억압받고 차별받아왔다는 말도 된다.[3]

---

2  샤오캉이란 의식(衣食)에 어려움을 겪지 않고 웬만한 생활을 하는 상태를 의미한다. 샤오캉 사회란 말을 처음 내놓은 이는 덩샤오핑인데, 1979년에 중국을 방문한 오히라 마사요시(大平正芳) 총리와 회담 중에 한 말이라고 한다.

3  실제로는 농민공뿐만 아니라 농업호적을 가진 농민 전체가 계획경제 시기부터 차별받아 이주나 직업 선택의 자유가 엄격하게 제한받았다(郭書田·劉純彬, 1990). 중국에서 농민은 2등 국민에 지나지 않으며 그 상황은 지금도 본질적으로 변하지 않았다.

# 농민공의 전체상

국무원 연구실 과제조(國務院研究室課題組, 2006)에 의하면 2004년의 중국에서는 제조업, 건설업 및 제3차 산업에서 일하는 농민공이 각각 전체 취업자의 68%, 80%, 52%를 점했다고 한다. 연해 지역 각종 기업의 생산라인, 빌딩이나 도로의 건설 현장, 레스토랑이나 상점 등에서 볼 수 있는 종업원의 태반이 농민공 집단의 구성원들인 것이다. 농민공의 총수는 도대체 얼마일까? 그들은 어떤 속성들을 갖고 있으며 어떤 형태로 지역 간에 이동하고 있는 것일까?

## 농민공의 규모

인구센서스 등에 의거하여 추산해보면 중국의 총인구는 2006년에 13억 명에 달했는데 그 41%에 해당하는 5억 4,000만 명이 도시 지역에서 살고 있다. 그러나 공안행정기관의 호적통계에 의하면 같은 해의 도시 인구가 3억 6,000만 명으로 되어 있다. 두 통계 사이에 1억 8,000만 명의 차이가 난다. 인구센서스가 현주지(現住地)를, 공안행정기관의 인구통계가 호적등록지를 기초로 한 만큼 양자의 차이는 주로 농촌에 호적을 남겨놓은 채 도시로 옮겨와 살고 있는 농민공 및 그 가족들의 총수인 것으로 생각된다.

출관노동을 목적으로 고향을 떠나 있는 농민들이 도대체 몇 명이나 될까? 농민공의 총수를 추계할 수 있는 전국 조사가 두 개 있다. 그 하나는 농업부(農業部)가 1986년부터 전국 2만 호를 대상으로 실시한 정점

그림 3-1  **외출 농민공의 비율과 그 총수**

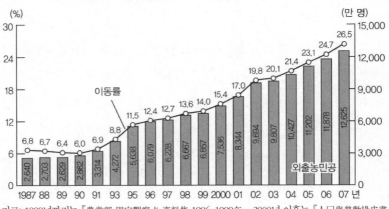

자료: 1999년까지는『農業部 固定觀察点 資料集 1986~1999年』, 2000년 이후는『人口與勞動綠皮書 2008年』. 이동자 수는 이동자 비율과『中國統計年鑑』의 농업 취업자 수로 산출했다.

(定点) 조사이고 또 하나는 국가통계국이 매년 전국 7만 호의 농가 세대를 대상으로 실시하는 가계조사(출관노동에 관한 조사항목을 넣은 것은 2000년경부터임)이다. 농민공에 대한 정의에 양자 간에 약간의 차이가 있기는 하나 양자를 합쳐 이용하면 농민공의 전체상을 파악하는 것이 가능하다.

〈그림 3-1〉은 농업부 고정관찰점(固定觀察点) 농가 조사를 토대로 작성한 것이다. 이 조사의 조사대상이 촌 외(外) 기업 등에서 3개월 이상 일한 자로 되어 있어 향진 내·촌 외의 자들이 포함된다. 이는 후술하는 국가통계국 '농가가계조사'의 정의(향진 밖으로 1개월 이상 출관노동한 자)와 다르다.

〈그림 3-1〉을 보고 알 수 있듯이 1987~1993년과 1995~1999년의 두 기간에 농촌 취업자 수에서 차지하는 외출(外出) 농민공의 비율이 각각

표 3-1 **농민공의 규모 및 구성**

(단위: 만 명, %)

| | 2002 | 2003 | 2004 | 2005 | 2006 |
|---|---|---|---|---|---|
| 외출 농민공 수 | 10,470 | 11,390 | 11,823 | 12,578 | 13,212 |
| 농촌 취업자 대비 비율 | 21.7 | 23.2 | 23.8 | 25.9 | 27.5 |
| 솔가(率家) 이촌자 수 | 2,350 | 2,430 | 2,470 | 2,652 | 2,644 |
| 외출 농민공 대비 비율 | 22.4 | 21.3 | 20.9 | 21.1 | 20.0 |

자료: 國家統計局 발표 農民工調査報告(각년도) 재구성.

6~9%, 11~14%로 분명한 계단이 존재하기는 하나, 같은 기간 내에서는 이 지표들이 비교적 안정되어 있었다. 그와 대조적으로 2000년대에 들어서는 외출 농민공의 농촌 취업자 대비 비율(이동률)이 일직선으로 상승, 7년 동안에 11%나 올랐다.

이동률과 농촌 취업자 수에 의거하여 산출한 외출 농민공의 총수인데, 이쪽도 증가 경향을 보였다. 1980년대, 1990년대에는 외출 농민공이 각각 3,000만 명 가까이와 6,000만 명 전후였는데, 2000년 이후 급증하여 2007년에는 1억 2,600만 명이 되었다.

〈표 3-1〉은 국가통계국 '농가가계조사'에 의거하여 작성된 것이다. 이 표에 의하면 2002년부터 2006년까지 외출한 농민공의 총수는 1억 470만 명에서 1억 3,212만 명으로 2,742만 명이 늘어났다. 농촌 취업자에서 점하는 비율로는 21.7%에서 27.5%로 상승했다. 모두 농업부 고정 관찰점의 조사결과를 웃도는데, 이는 아마 정의의 차이에 따른 것으로 생각된다.

2000년의 인구센서스와 2005년의 '1% 인구표본조사'로 파악된 잠주 이동인구(제2장 〈표 2-1〉)를 보면 이 5년 동안에 호적등록지에서 반년 이상을 떠나 타 지역에서 살고 있는 유동인구는 불과 296만 명이 늘었을 뿐이다. 외출하여 반년 미만의 농민공이 상대적으로 증가한 것이 가장 큰 원인일 것이다. 통계의 외출기간을 어떻게 정의하는가에 따라 조사로 포함할 수 있는 농민공의 수가 크게 달라진다.

국가통계국 '농가가계조사'에서는 다른 데서 볼 수 없는 지표가 있다. 가족을 솔가하여 이촌한 농가의 규모다. 〈표 3-1〉과 같이, 2002년에는 솔가 이촌한 농민공이 2,350만 명에 달해 외출 농민공 전체의 22.4%를 차지했다. 솔가 이촌 인구의 규모는 그 후로도 계속 확대되고 있는데, 외출 농민공들에 대한 비율이 20% 정도로 안정되어 있다. 이들은 호적을 고향에 남겨 두고 도시 지역, 연해부에서 살아가는 사실상의 국내 이민자들이지만, 호적제도상 전출입이 제한되기 때문에 현주지의 공민 또는 시민이 될 수 없는 것이다.

그렇기는 하나 1980년대의 "이토불리향(離土不離鄉: 이농은 하지만 이촌을 하지는 않는다)"과 비교할 때 솔가 이촌은 큰 전진이라고 평가해야 할 것이다. 국무원 연구실 과제조(國務院研究室課題組, 2006)가 지적한 대로 2000년대에 들어 농민공 현상의 심층에서는 세 가지의 큰 전환이 일어나고 있다. 농업과 비농업의 겸업으로부터 비농업 전업으로, 농촌-도시 간의 유동으로부터 도시 사회에 용해되기로, 그리고 생존 목적의 출관노동으로부터 평등의 추구로 — 이것이 그러한 전환이다.

### 농민공들의 지역 간 이동

1990년대 이후의 지역 간 인구이동의 기본구조는 인구센서스를 이용

표 3-2 농민공의 지역 간 이동 기종점조사(OD)표(2004년)

(단위: 만 명, %)

| | 농민공 총수 | 농촌 취업자 대비 비율 | 유출지역별 구성비 | 유입지역별 구성비 | | |
|---|---|---|---|---|---|---|
| | | | | 동부로 | 중부로 | 서부로 |
| 동부로부터 | 3,934 | 19.8 | 33.3 | 96.6 | 2.1 | 0.8 |
| 중부로부터 | 4,728 | 27.2 | 40.0 | 65.2 | 32.8 | 1.8 |
| 서부로부터 | 3,161 | 25.4 | 26.7 | 41.0 | 2.9 | 55.8 |
| 전국 | 11,823 | 23.8 | 100.0 | 70.0 | 14.2 | 15.6 |

주: ① 농민공이란 호적 소재 향진에서 외출하여 1개월 이상이 된 출관노동자를 가리키고, 조사 시에 취업하고 있는 자와 그렇지 못한 자를 모두 다 포함한다.
② 유입지역별 구성비는 솔가 이촌을 제외한 상주 세대들을 바탕으로 한 것이고, 유입지역별 총인 원수는 솔가이촌의 지역적 분포가 이동 농민공들의 지역적 분포와 같다고 가정하고 추계한 것이다.
자료: 國務院研究室課題組(2006). 원 자료는 國家統計局, '農家家計調査'.

한 제2장의 분석으로 그 대략이 규명되었다. 여기서는 농민공의 공간적 분포, 즉 농민공들이 어디에서 어디로 이동하고 있는가를 고찰한다.

〈표 3-2〉는 농민공들의 지역 간 이동 상황을 나타낸 것으로, 향진 이외의 곳으로 1개월 이상 떠나 있는 농민공들의 공간적 분포를 알 수 있다. 이 표에서 농민공의 지역 간 이동에 관한 주된 특징들을 읽어낼 수 있다.

먼저 동부, 중부와 서부 사이에 농민공의 농촌 취업자 대비 비율이 상당히 다르다는 점이다. 경제 발전이 상대적으로 뒤떨어진 중서부는 동부 지역보다 현저하게 높다. 고용 기회가 많은 동부에서는 향진 이외의 곳으로 굳이 나갈 필요가 낮다. 반면 중서부에서는 그 지방에서의 고용 기회가 적고, 비농업에서 취업하려 할 경우 멀리 떨어진 연해부, 도시 지역으로 나가는 수밖에 없다고 할 수 있다. 국가통계국 '농가가계조사'에 의하면 2004년에 성시구 바깥으로 출관노동하러 나간 농민공의 전체 대비 비율이 60%를 초과한 일급 행정구가 9개였다(안후이 85%, 장시 86%, 후난 73%, 후베이 71%, 허난 64%, 광시 76%, 충칭 64%, 쓰촨 63%, 구이저우 80%). 이것은 제2장에서 본 전체 이동인구의 비율과 정합적(整合的)이다.

다음으로 중서부가 농민공의 유출지, 동부가 농민공의 유입지라는 구도가 존재한다. 2004년에 동부는 농민공 전체의 1/3을 공급했는데, 동부에서 일하는 농민공은 농민공 전체의 70%를 차지했다. 중서부와는 정반대의 양상이었다.

셋째로, 동부 지역 농민공의 대부분이 같은 동부에 머물고 있는 것과는 대조적으로 중부 출신 농민공의 약 2/3와 서부 출신 농민공의 40% 이상이 동부 지역에서 일하고 있다. 그 당연한 결과이지만, 농민공의 동부 집중이 특히 돌출하고 있는 것이 큰 특징을 이룬다. 그런데 동부 집중이라고 할 수 있지만 일극 집중은 아니다. 광둥성에서만 농민공의 28.4%가 일하고 있는 것이 사실이지만, 저장, 장쑤, 산둥, 상하이, 푸젠, 베이징에도 많은 농민공이 살고 있다(각각 8.1%, 6.8%, 4.7%, 4.4%, 4.2%, 3.8%)(國務院研究室課題組, 2006).

또한 농민공이 어떤 장소에서 일하고 있는가에 관한 흥미로운 조사 결과가 있다. 〈표 3-3〉은 국가통계국 '농가가계조사'의 결과인데, 농민공의 유입처를 베이징, 톈진, 상하이, 충칭 같은 직할시, 성 또는 자치구의 정부소재지, 시급(級) 도시, 현급 도시 등으로 나누어 각각의 비율을 나타낸 것이다.

〈표 3-3〉에서 농민공이 일하는 장소의 분포 상황을 다음과 같은 이

표 3-3 **농민공의 유입처별 구성비**

(단위: 만 명, %)

| | 농민공<br>총수 | 직할시 | 성도 | 시급<br>도시 | 현급<br>도시 | 건제진<br>(建制鎭) | 기타 |
|---|---|---|---|---|---|---|---|
| 2001 | | 8.2 | 21.8 | 27.2 | 21.0 | 13.0 | 8.7 |
| 2002 | 10,470 | 8.4 | 21.2 | 27.2 | 21.1 | 12.9 | 9.2 |
| 2003 | 11,390 | 9.5 | 19.6 | 31.8 | 20.4 | 11.6 | 7.1 |
| 2004 | 11,823 | 9.6 | 18.5 | 34.3 | 20.5 | 11.4 | 5.7 |
| 2005 | 12,578 | 9.9 | 19.2 | 36.1 | 19.7 | 15.1 | |
| 2006 | 13,212 | 9.4 | 18.6 | 36.8 | 20.2 | 15.0 | |

자료: 2001~2004년은 國務院硏究室課題組(2006), 2005년과 2006년은 國家統計局. 원 자료는 國家統計局, 農家家計調査.

미지로 그려낼 수 있을 것이다. 즉, 대도시에 해당하는 직할시, 성도(省都) 및 현급 도시들에서의 농민공의 비율은 약간의 변화가 있기는 하나 대체로 상당히 안정되어 있다. 2001년부터 2006년까지의 6년 동안에 직할시와 성도의 합계가 30~28%, 현급 도시는 20% 정도였기 때문이다. 그와 대조적으로 농촌 지역(기타)과 건제진(建制鎭)[4]에서의 비율은 합계 6.7포인트만큼 저하했다. 그 대신 시급 도시들에서의 비율은 9.6포인트 만큼 상승했다. 시급 도시들은 농민공을 흡수하는 가장 중요한 유입처가 되고 있으며 그 중요성이 해마다 높아지고 있다고 말할 수 있다.

---

4  향·진은 중앙 - 성·직할시·자치구 - 시 - 현 또는 현급(級)시 - 향·진으로 이뤄지는 5단계 행정시스템의 말단조직이다. 민정부(民政部)에서 1984년에 설정한 기준에 의하면, 현(縣) 정부 소재지 또는 총인구가 2만 명 미만이면서 말단 행정부 소재지에 거주하는 비농업호적 인구가 2,000명을 넘는 향, 또는 총인구가 2만 명을 넘으면서 말단 행정부 소재지에 거주하는 인구의 10% 이상이 비농업호적 인구인 향(鄕)에는 진제(鎭制)를 설치할 수 있다. 2007년에 전국 4만여 말단 행정부 가운데 진제가 설치된 것은 2만 개에 가깝다.

표 3-4 **농민공의 학력별 구성**

(단위: %)

| | 2002 | 2003 | 2004 | 2005 | 2006 |
|---|---|---|---|---|---|
| 소학교 이하 | 22.6 | 18.6 | 18.4 | 16.5 | 16.1 |
| 중학교 | 62.7 | 66.3 | 65.5 | 67.3 | 67.0 |
| 고교 | 14.0 | 10.8 | 11.5 | 10.7 | 11.1 |
| 전문대학 이상 | 0.7 | 4.3 | 4.6 | 5.5 | 5.8 |
| 전문 연수 받았음 | 12.5 | 20.7 | 28.2 | 34.4 | 35.2 |

자료: 國家統計局 발표 「農民工調査報告」(각년도) 재구성.

## 농민공의 속성

농민공의 속성에 대해서는 국가통계국 '농가가계조사'로부터 종래 이야기되어왔던 몇 가지 특징들을 확인할 수 있다. 첫째로 남성과 여성의 비율이 거의 2대 1인데, 다만 지역에 따라 산업구조의 차이에 의해 남녀 구성비가 (어느 정도—옮긴이) 달라질 수 있다. 예를 들면 조립(組立)산업이 집적되어 있는 주장 삼각주에서는 여성의 비율이 37.4%로, 전체 평균을 4포인트 웃돌고 있다.

둘째로 농민공들의 교육 수준이 해마다 높아지고 있다. 중졸 이상의 전체 대비 비율을 보면 2006년에 83.9%로, 전체 농촌 평균보다 20포인트나 높다. 그중에서도 전문대학 이상의 학력을 가진 농민공이 급증, 2006년에는 전체의 5.8%를 차지했다(〈표 3-4〉).

출관노동을 위해 밖으로 나갈 때 전문적인 연수를 받은 적이 있는가 하는 질문에 대해 〈표 3-4〉에 나타난 결과를 얻을 수 있었다. 2002년부터 2006년까지의 수년 동안에 전문 연수 경험자 비율이 12.5%에서 35.2%로 3배나 증가했다. 그러나 대다수 농민공이 학교교육을 통해 익힌 범용적(汎用的)인 능력 외에 특별한 기능을 갖지 못한 채 미지의 도시 세계로 뛰어드는 상황에 변함은 없다. 그러한 현실을 배경으로 (제5장에서 기술할) 농민공들의 취업조건이 열악한 것에는 어쩔 수 없는 측면이 있을 것이다. 도시 출신들과 취업을 놓고 경쟁하는 사태의 발생을 피하기 위해 애초부터 정부가 농민공들에 대한 특별 연수를 배제했을지도 모를 일이다. 일반적으로 인내력이 강하고 부지런한 농촌 출신 청년들은 당연히 도시에서 태어나 도시에서 자란 청년들보다 더 다양한 일에 종사할 수 있을 것이기 때문이다.

셋째로, 농민공의 평균연령은 — 〈표 3-5〉에 나와 있듯이 — 28세 정도로 안정되어 있다. 연령계층별로는 20대, 30대의 구성비는 거의 변함이 없고, 10대 후반이 4% 줄어들고 40대 이상이 3% 늘어난 것을 볼 수 있다. 이것으로부터 다음과 같은 것을 추측할 수 있다. 즉, '한 자녀 정책'의 영향으로 중국에서도 소자화(少子化)가 진행되어 청년 노동력의 공급이 절대적으로 감소하기 시작했다. 그런데 다른 한편으로 고도성장의 진행과 더불어 노동 수요가 더욱더 확대되고 있다. (그리하여—옮긴이) 청년 노동력의 공급 감소를 보충하는 형태로 40대 이상의 공급 증가가 일어나고 있는 것이 아닌가 하는 생각이 든다.

또한 21~40세의 청장년층 비율에 거의 변함이 없다는 것으로부터, 농민공이라고 하는 인간 집단의 본질을 볼 수 있다. 호적의 전출입이 없기 때문에 농민공들은 유동인구로서 도시 지역이나 연해 지역에 '잠주(暫住)'하는 수밖에 없다. 노동력으로서의 이용가치가 있는 동안에는 체재가 허용되지만, 생산 라인에서의 정교한 수작업에 필요한 집중력 또

표 3-5 **농민공의 평균연령 및 연령계층별 구성비**

(단위: 세, %)

|  | 평균연령 | 16~20세 | 21~25세 | 26~30세 | 31~40세 | 41세 이상 |
|---|---|---|---|---|---|---|
| 2001 | 27.8 | 22.2 | 26.8 | 16.1 | 22.2 | 12.7 |
| 2002 | 28.3 | 20.2 | 26.1 | 15.9 | 24.0 | 13.8 |
| 2003 | 28.2 | 19.5 | 27.8 | 15.6 | 23.0 | 14.1 |
| 2004 | 28.6 | 18.3 | 27.1 | 15.9 | 23.2 | 15.5 |

자료: 國務院研究室課題組(2006). 원 자료는 國家統計局 農家家計調査.

는 공사현장에서 필요로 하는 체력이 약화되어버리면 그들은 쓸모없는 폐품처럼 방출되고, 결국 고향에 귀환하지 않을 수 없는 것이다.


## 이동 자유화의 길


오늘에 이르기까지의 농민공의 지역 간 이동에 대해서는 성질이 서로 다른 세 단계로 나누어볼 수 있다.

제1단계의 인구이동은 '이토불리향(離土不離鄕: 이농은 하지만 이촌을 하지는 않는다)'이란 형태의 이동으로, 주로 1980년대에 볼 수 있었던 방식이다. 이 시기에는 도시 지역의 체제 개혁이 본격화하지 않아 농촌에서 도시로의 취직 이동이 구래(舊來)대로 엄격히 제한되어 있었다. 한편 인민공사가 해체되고 가족 단위의 농업경영체제가 확립된 데 따라서 농가의 잠재적 잉여 노동력들이 현재화(顯在化)하고 있었다. 농촌 지역에서 고용을 창출하지 않으면 안 되는 상황이 나타난 것이다. 그리하여 농민들이 일할 수 있는 농촌기업(향진기업)들의 생성이 기대되었다. 정부도 농촌 공업화, 농촌 도시화 같은 정책들을 수립하여 향진기업의 발전을 지원했다.

농업개혁이 이루어지면서 농업이 대대적 증산을 계속했다. 농산물의 정부 수매 가격이 대폭 인상된 것도 도움이 되어 농가 수입이 현저히 늘어났다. 농촌에 얼마간의 잉여 자금이 만들어지고 있었다. 무엇을 만들더라도 수요보다 공급이 달리던 시기여서 농가의 잉여 노동력과 농촌의 잉여 자금이 결합되어 많은 향진기업이 일어났다. 향진기업의 종업원 수가 1980년대 중엽부터 계속 급증하여 1992년에는 1억 명을 돌파, 농촌 노동력의 22%를 차지하기에 이르렀다. 농가 안에 농업 종사와 비농업 종사의 가정 내 분업이 이루어졌고, 겸업, 재택, 통근 같은 것이 이 시기의 노동 이동에 가장 중요한 특징을 이루었다(嚴善平, 2002).

제2단계는 1990년대의 10년 동안으로, 지역 간 인구이동의 주된 특징을 '이향불배정(離鄕不背井: 일시적으로 이촌하기는 하나 언젠가는 귀향한다)'으로 표현할 수 있는 시기다. 출관노동을 위해 이촌하기는 했으나 갖가지 제도상의 제약으로 호적의 전출입이 허용되지 않았다. 다시 말해 근무는 도시 지역에서 하지만 가족이 시골에 남아 있는 형태로서, 그들은 언젠가는 귀향할 것이라는 생각을 갖고 있었다.

1990년대 들어 대외개방이 가속화되고 외국 자본의 연해 진출이 급증했다. 광둥성, 상하이시 등의 연해 지대에서는 그 지역 출신의 노동력 공급이 시장의 수요 확대에 미치지 못하고 있었다. 정책적으로는 대규모의 지역 간 노동 이동이 장려되지는 않았으나 내륙 농촌의 수많은 청년들이 홍수처럼 급여가 높은 연해지대로 흘러들어 갔다. 당시는 대규모 인구이동에 대응할 행정 능력이 없어 도시 인프라가 일시 패닉 상태에 빠지기도 했고 혼란에 따라 범죄가 다발하기도 했다. 그래서 사람들은 이때의 인구이동을 '맹류', 즉 목적 없는 유동이라고 불렀고, 그에 대한 단속이 실시되기도 했다.

그러나 시장경제화가 진전되는 과정에서 일어난 사태인 만큼 구래의 이동 규제나 강제 송환 같은 단순한 대응법으로는 문제를 해결할 수 없다는 것이 드러났다. 꼭 필요한 것이라면 행정 측면을 포함하여 정면에서 대응하여 질서 있는 이동을 도모하자는 기운이 1994년의 노동부 통달(「성제 노동 이동에 관한 관리 규정」)을 계기로 급속히 높아졌다. 이 통달은 성시구에 걸친 지역 간 노동 이동이 시장경제의 필요에 부합되는 것으로 평가하면서 그것을 적극적으로 유도하도록 호소한 것이었다. 그때 이래 '맹류'라는 부정적인 뉘앙스를 풍기는 명칭이 농민공으로 바꿔 불리게 되었고 여러 가지 면에서 지역 간 노동 이동의 규범화가 기도되었다.

「호적등기조례」 등에는 호적등록지를 떠나 타 지역에 거주하는 기간이 3개월 이내로 정해져 있다. 특별한 사유가 없다면 거주기간을 연장하는 것이 인정되지 않는다. 그러나 1990년대 이후의 지역 간 인구이동은 명백히 이 규정의 제약을 받지 않았다. 인구센서스를 통해 알게 되었듯이 유동인구의 다수가 3개월의 소정 기간을 훨씬 넘고 있었다. 그럼에도 불구하고 호적을 시골에서 떼어내 현재 거주지로 전입하는 것은 인정되지 않는다. 도시 지역이나 연해 지역의 경제 발전에 노동력이 필요한 동안에는 농민공들의 거주를 용인하지만 불필요하다고 판단될 경우에는 그들을 언제라도 고향에 돌려보낼 수 있도록 되어 있는 것이다. 이촌잠주(離村暫住)라는 이동 형태는 이동자들이 좋아서 선택한 것이 아니고 이동의 주체인 농민들이 갖가지 제도적 차별을 감수하면서 받아들여야 했던 이동 형태였다.

제3단계는 2000년 이후 지금도 진행 중인 형태다. '이촌우배정(離村又背井: 촌을 떠나 도시로 이주한다)'이란 것이 이 단계의 주요 특징이다. 도시 지역 등에서 오랫동안 일을 계속해온 농민공들의 정주화(定住化), 즉 일정 요건을 충족하는 농민들의 솔가 이촌이 실현된 것이다.

농민들에 대한 차별이 제도화되어 있는 것은 당연히 많은 비판이 나오지 않을 수 없다. 중국에서도 호적제도를 개혁하고 농촌에서 도시로의 이주에 대한 규제를 완화하며, 도시민과 농민 간의 취업 차별을 없애야 한다는 여론이 왕성하게 일어났다. 그러한 여론의 영향도 있어 중앙정부가 마침내 이주 규제를 바로잡는 데 나섰다.

1997년에 일부 도시를 대상으로 한 도시화 촉진 정책이 실험적으로 시도되었다. 그것을 시초로 하여 1998년에 호적의 등록과 전출입에 관한 제도가 개정되었고, 신생아 호적의 선택이나 별거 부부, 개호(介護)를 요하는 부모의 호적 전출입 등이 용이하게 되었다.

2001년에는 지방 중소도시로의 이주 촉진이 전면적으로 개시되었고, 고정 주소나 안정된 직업 또는 수입원을 갖고 있는 사람 및 그 가족들이 농촌에서 도시로 호적을 옮기는 것이 가능하게 되었다. 저장성, 허베이성 등에서는 농민 호적, 도시 호적을 일원화하는 개혁이 시도되었다. 다만 호적 일원화는 같은 지역 내 농촌·도시 호적을 가진 자에 한정되고 타 지역에서 들어온 자는 제외되는 것이 일반적이었다.

최근 몇 년 동안 현성(縣城)이나 지방 중소도시에서 호적 전출입을 수반하는 인구이동이 급증하고 있다. 공안행정의 호적통계에 의하면 2007년의 비농업 인구는 4억 3,077만 명에 달하여 총인구의 30.6%를 차지했다. 2000년에 비해 1억 827만 명이나 증가한 것이 된다. 다만 이런 움직임이 아직까지는 주로 지방도시에서 일어나고 있고, 대도시에서는 극히 일부의 예외를 제외하고는 보통의 농민공이 시골에서 도시로 호적을 옮기기란 거의 불가능한 일이라고 할 수 있다. 대도시의 주택 가격은 농민공 수입 수준에서 보면 천문학적 숫자에 해당되며 주택을 소유하고 있어야 하는 호적 전입의 요건은 대다수 농민공에게 꿈같은 이야기에 지나지 않는다. 호적 정책의 개혁이 대대적으로 추진되고 있음에도 불구하고 실제 거주 지역의 호적을 갖고 있지 않은 유동인구가 1억 6,300만 명에 달한다(2007년, 도시인구와 비농업 호적 인구의 차).

최근 20여 년 동안에 노동 이동의 주요 형태가 재촌이농(在村離農)이라고 하는 지역 내 산업 간 이동으로부터 이촌하여 도시로 이주한다고 하는 보통의 형태로 변해가고 있다는 것은 평가할 만한 움직임이다. 경제 발전에 따라 사회의 유동화가 가속되는 것은 시장체제하의 법칙이다. 자유와 평등을 기본 이념으로 하는 시민사회가 아직 충분하게 형성되지 않은 중국에서 호적 차별 및 그에 기인하는 노동시장의 분단은 광범위하게 관측될 수 있는 현상이다.

# 농민공 정책의 변천

농민공 정책은 농민공의 이동, 취업, 임금, 사회보장 등에 관한 정책을 총칭하는 것이다. 농민공은 도시 지역에 살면서 비농업에 종사하고 있는 사람들로서 그 호적, 즉 신분이 농업이기 때문에 비농업 호적을 갖고 있는 도시민과 같은 국민으로서의 제 권리를 향수할 수 없는, 중국 내 2등 국민에 해당된다. 그런데 이 장의 초두에서 소개한 것처럼 근년에 농민공의 역할에 대한 평가가 호전되어 정부도 농민공의 이동, 취업, 임금, 사회보장 등에 잠재한 문제들을 해결하는 데 본격적으로 나서고 있다. 이 절에서는 농민공 정책의 전환 과정을 추적하면서 농민공에 대한 차별의 실태를 그려낼 것이다.

## 농민공 정책의 전환 과정

1980년대에 중국에서는 농촌의 잉여 노동력을 흡수하기 위해 '농촌공업화' 발전전략이 채택되었다. 그것은 농촌에서 도시로의 인구이동을 극력 억제하는 데 주된 목표를 두고 있었다. 1990년대에 들어와 외자 진출에 수반하여 광둥성 등 연해부를 중심으로 노동력 공급 부족 현상이 발생하자 정부는 질서 있는 지역 간 노동 이동을 인정하게 되었다. 다만 일가를 솔가하여 도시로 이주하는 것은 여전히 엄격한 규제를 받았다. 인구이동 정책의 태도는 '이촌불배정(離村不背井)', 즉 호적의 전출입이 불가능한 출관노동형 유동에 초점을 맞추고 있었다.

후진타오의 총서기 취임(2002년 10월, 제16차 당대회)과 원자바오의 총리 취임(2003년 3월, 제10차 전인대)에 수반하여 그때까지의 농민공 정책이 크게 전환하기 시작했다. '조화로운 사회'의 구축을 슬로건으로 하여 농민공에 대해 국민 대우를 부여했고 이주와 직업 선택의 자유도 단계적으로 인정했다. 호적제도의 개혁이 가속되었고, 일가를 솔가하여 이촌하는 이동 패턴도 늘어났다. 이하에서 농민공에 관한 법규나 중앙 성청의 통달들을 정리, 분석하여 농민공 정책의 전환 과정을 추적해볼 것이다.

먼저 지역 간에 이동하는 출관노동 농민들에 대한 호칭인데, 1989년부터 2000년까지의 정부 통달에서는 그들을 민공이라 불렀다. 그러다가 국무원 변공청(弁公廳)이 2003년 1월에 낸 통달을 경계로 농민공이란 용어법이 널리 사용되었다. 2006년 3월에 「농민공 문제의 해결에 관한 약간의 의견」이 공표된 것에 발맞춰 행해진 국무원 연구실의 기자회견에서는 정부 공식문서에서 농민공이란 용어를 사용하는 이유를 질문받자 (연구실 당국자가 ─ 옮긴이) "이전 정부 문서에서도 사용되었고 사회 일반에 이 용어가 널리 받아들여져 있어 사용한 것일 뿐 농민 출신 출관노동자들을 차별하자는 의미는 아니다"라고 강조했다.

확실히 그렇게 말할 수도 있을 것이나 그렇다면 굳이 농민공을 도시민과 구별하여 특별히 취급할 필요가 없었을 것이다. 이 용어를 사용하지 않으면 안 되는 것은 다름 아니라 도시민들과 다른 형태로 처우받고 있는 농민공들이 현재 존재하기 때문인 것이다.

다음, 농민공에 대한 정부의 관심도와 기본 자세에서 본질적으로 서로 다른 세 시기가 발견된다.

① 1990년대 전후 민공을 취급한 정책 문서로는 단 두 개밖에 없는 데, 그것들은 민공을 부정적으로 파악하면서 그 유동을 어떻게 억제할 것인가를 중심 내용으로 하고 있었다. 그 배경에 '이촌불리향(離村不離鄕)'이라고 하는 '농촌 공업화' 발전전략에 도전하는 농민이 많이 출현하여 구태의연한 도시 관리 체제가 그것에 충분히 대응할 수 없었다는 사정이 있다(葛象賢·屈維英, 1993).

② 1993년 11월의 당대회에서 사회주의 시장경제체제를 구축한다는 개혁 목표가 결정됨으로써 '질서 있는 지역 간 노동 이동'이 장려되기 시작했다. 노동부가 1994년에 「성제 노동 이동에 관한 관리 규정」을 공표한 것이 그 표현이었다. 그때 이후 2000년 말까지 모든 정부 통달에서 '유서유동(有序流動)', 즉 질서 있는 유동이 가장 중요한 정책 과제가 되었다(10개 통달 가운데 8개에서 '유서유동'이 표제로 사용되었다). 거기에는 두 가지 의식이 숨겨져 있었다. 하나는 민공은 질서를 어지럽히기 쉬운 존재인바 그들을 어떻게 관리할 것인가가 중요하다는 의식이었고, 다른 하나는 민공은 도시 지역으로 이동하여 정주하는 자가 아니라 언젠가는 고향에 귀환하는 유동인구라는 의식이었다. 더 알기 쉽게 말한다면 민공은 (도시의) 사회질서를 파괴할 위험성이 있으면서 경제 발전을 위해서는 그 힘이 필요하다고 하는 식의, 필요악적인 존재에 지나지 않은 것으로 간주되었던 것이다.

③ 그 후 2년 동안은 민공에 관한 통달이 없었는데, 2003년 1월 이후 3년 반 동안에 25개나 되는 농민공에 관한 법규와 통달이 발포되었다. 신정권하에서 농민공에 대한 관심이 일거에 높아졌다는 것을 알 수 있

다. 더욱 주목해야 할 것은 농민공 정책의 내용상의 대전환이다. '유서유동'이란 용어법이 표제에서 사라졌고, 농민공에 대한 서비스, 빈곤자 구제, 직업 훈련, 임금 미지급, 자녀의 학교교육, 직업 건강, 산재보험, 법률 지원, 노동계약 등 그때까지 방치되었던 농민공의 기본 권리에 관한 문제들이 표면에 등장하면서 구래의 관련 정책들을 전면적으로 재검토한 것이 눈에 띈다. 이 시기의 제반 제도개혁 성과를 집대성한 것이 앞에 나온 「농민공 문제 40조」다.

### 정책 전환의 시대적 배경

먼저 착실한 조사연구가 농민공 정책의 전환을 촉진했다는 것을 들 수 있다.

중국에서 농민들이 마치 2등 국민처럼 여러 가지 차별을 받고 있는 사실에 대해 가장 체계적으로 다룬 것으로, 궈수톈·류춘빈(郭書田·劉純彬, 1990)의 조사연구서가 있다. 이 책은 1989년의 천안문(天安門) 사건 후에 출판됨으로써 얼마 안 되어 금서로 지정되었다. 호적이라는 벽이 인위적으로 만들어졌고 또 그 호적에 의해 도시와 농촌이 분단되었다는 중국 특유의 이중사회구조를 아주 훌륭하게 묘파한 것이 사회에 큰 충격을 주었기 때문이다. 당시에는 주지하다시피 그것을 공공연하게 이야기하는 것이 금기였다. 그 후 이 책은 해금(解禁)되었고, 이제는 중국 사회를 이해하는 데 불가결한 주요 참고문헌이 되었다.

내외 연구자들의 착실한 노력이 농민공 정책의 전환을 촉진했다는 것도 지적되어야 할 것이다. '유서유동' 정책이 수립된 당시에는 지역 간 노동 이동이 '맹류(盲流)'로 간주되었다. 학자 등에 의한 작은 범위의 조사연구들이 있기는 했으나 전국 규모의 조사연구는 거의 없었다. 인구 이동이란 현상을 어떻게 파악해야 할 것인가에 대해서도 충분한 이론 무기와 분석 도구가 없었다.

그러던 중 농업부 농촌경제연구센터와 국무원 발전연구센터 농촌 지역을 중심으로 조직된 농촌노동이동연구팀이 미국 포드재단으로부터 큰 금액의 연구조성금을 받은 것을 계기로 농민공에 대한 체계적인 대규모의 실태조사를 개시했다. 그 과정에서 구미 대학의 많은 전문가들이 조사·분석에 참여했다. 그 연구 성과가 1996년 6월 중국농촌노동력유동_국제포럼(베이징)에서 보고되었다. 이 연구팀은 그 후로도 존속하여 포드재단의 지원하에 다면적인 조사연구를 계속했다. 2001년 7월에 제2회 국제포럼이 다시 베이징에서 개최되었다.[5]

정부계 싱크탱크의 조사연구인 까닭에 연구성과의 많은 부분이 정책수립에 반영된 것은 당연한 일이지만, 외국 민간재단의 자금을 활용했고, 근대 경제학·사회학의 이론적 골조와 분석도구를 적극 도입했으며, 나아가 정부계 연구기관인 덕분에 전국 범위의 실태조사를 용이하게 실시할 수 있었던 것 등이 유기적으로 결합된 방식은 그때까지의 중국에서는 정말 보기 드문 것이었다.

---

5  杜鷹·白南生(1997), 趙樹凱(1998), 張小建·周其仁(1999), 白南生·宋洪遠(2002)는 그러한 연구 과정에서 산출된 대표적인 연구성과들이다. 필자는 제2회 포럼에 참가하여 보고를 했는데, 지금 돌이켜보면 그러한 연구성과들이 그 후의 농민공 정책 형성에 큰 영향을 준 것이 분명하다.

그림 3-2 ≪인민일보≫에 해당 용어가 포함된 기사의 연간 게재 건수

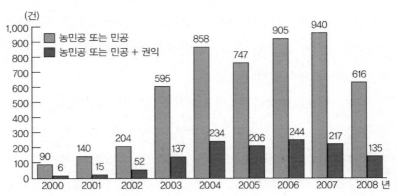

자료: ≪인민일보≫ 게재 기사에 포함된 키워드에 의한 검색 결과(기사의 건수). http://search.
people.com.cn/rmw/GB/bkzzsearch/index.jsp. 2008년은 11월 26일까지의 결과. 단, 극히 일부
의 중복이나 비해당의 것이 포함됨.

그다음으로 농민공에 대한 매스미디어의 주목도가 높아진 것과 정책
전환을 지지하는 여론이 서서히 조성된 것도 중요했다. 여기서 중국공
산당 기관지 ≪인민일보(人民日報)≫에 민공 또는 농민공이란 말이 포함
된 기사의 연간 게재건수 추이를 살펴보기로 하자.

〈그림 3-2〉는 ≪인민일보≫의 검색 시스템으로 검색한 결과를 나타
낸 것이다. 한눈에 알 수 있듯이 민공 또는 농민공에 관한 기사의 연간
게재건수가 2000년부터 2002년까지는 90~200건 정도에 지나지 않았다.
그러나 2003년부터 갑자기 수배로 증가하여 하루에 2, 3건이나 게재되
고 있었다.

또한 2001년까지는 농민공 또는 민공의 권리에 대한 이야기가 별로
없었으나 2003년 이후로 달라졌다. 농민공 및 권익이 포함된 기사의 건
수가 해마다 200개 정도로, 같은 기간의 농민공 관련 기사의 20~30%를

차지했다. 그 내용은 농민공에 대한 임금 미지급이나 농민공 자제의 취학 문제 등 다양했다. 농민공의 기본적 권익들이 논의되기 시작한 것이다.

## 농민공 문제에 대한 관심이 높아진 계기

근년에 농민공에 대한 사회적 관심이 높아진 배경에는 두 가지 사실이 있다. 하나는 농민공이 계속 늘어나고 있고 그들이 세계의 공장이라 불리는 오늘의 중국을 떠받치고 있다는 것, 그리고 다른 하나는 취직, 실업, 의료, 연금 등 사회보장 면에서 농민공에 대한 제도적 차별이 개선되지 않고 있고 그것에 기인하여 연해 지역에서 노동력의 공급 부족이 일어나고 있는 것이다.

개혁개방이 4반세기 이상 경과하여 농민공의 세대교체가 시작되고 있다. 농민공의 자제들은 농촌에서 생활해본 적도 없고 또 대부분 '한 자녀'에 해당된다. 부모 세대와는 달리 그들은 극단적인 저임금이나 중노동을 싫어하고 구태의연한 임금이나 복지 수준으로는 돈벌이에 나서지 않는 경향이 강하다. 2004년 5월 19일 자 ≪신화(新華)시보≫는 처음으로 주장 삼각주, 창장 삼각주에 농민공이 부족하다는 것을 보도하여 사회에 큰 충격을 주었다. 그것은 무제한 공급이 가능하다고 생각되었던 값싼 노동력이 이제 부족으로 전환될지도 모른다는 것을 암시하는 것이었기 때문이다.

같은 해 8월에 노동보장부는 농민공의 수급에 관한 실태조사를 했는데, 농민공에 대한 제도적 차별의 심각화와 그것에 기인하는 저임금, 저복지가 공급 부족을 초래한 주원인이라는 결론을 내렸다. 그것을 받아

9월 9일에 ≪인민일보≫가 처음으로 농민공 부족 현상[원어로는 민공황 (民工荒)이라 한다]을 보도했다. 2005년에는 민공황에 관한 기사가 ≪인민일보≫에 35건이나 등장하여, 2004년의 7건을 크게 상회했다.

민공황 문제를 완화·해소하기 위해, 농민공을 2등 국민으로 취급해 온 제반 정책을 바로잡아야 하고 취직, 사회복지 등에서의 차별을 없애야 한다는 논의가 활발하게 일어났다. 이것이 농민공 정책의 대전환을 촉진하게 된 것이다.


## 결어


중국은 도시와 농촌에 의한 이중사회인데, 1990년대 이후로는 도시 지역 안에 다시 농민공과 그곳 도시민으로 구성되는 신형 이중구조가 형성되었다고 한다(李强, 2004). 사실 농민공에 얽힌 제 문제는 모두 이 두 가지 이중구조에 기인했다고 말해도 과언이 아니다. 그런 의미에서 「농민공 문제 40조」의 공포는 큰 의미를 가지며, 호적제도에 의해 분단된 이중구조를 타파할 계기가 될 수 있을는지 모른다.

농민공은 체제 전환을 겪고 있는 중국에 나타난 특수한 현상이며 계획경제체제가 남긴 후유증이기도 하다. 그것을 근본적으로 바꾸기 위해서는 농업, 비농업이라고 하는 신분적 성격이 강한 호적제도를 없앨 필요가 있다. 루쉐이(陸學芸, 2005)에 의하면 호적 관리를 담당하는 공안행정에서는 1985년경에 이미 「호적등기조례」를 대신할 「호적법」 초안을 작성한 바 있었다. 그러나 이권에 얽힌 일부 부문(部門)이나 대도시들에서 그 법안에 강력히 반대했다. 결국 반세기 전에 만들어진 「호적등기조례」가 지금까지 존속하여 농민과 농민공들을 2등 국민의 지위에 빠뜨려 놓고 있는 것이다.

저명한 사회학자 루쉐이(陸學芸)와 역사학자 친후이(秦暉) 등이 지적한대로 농민공 문제의 본질은 농민문제이다. 그것은 또한 농업호적을 가진 농민들의 정치적 권리가 제한된 것과 관련된 문제이다(陸學芸, 2005; 秦暉, 2003). 신분제를 만들어낸 「호적등기조례」 및 농민의 한 표의 가치를 도시 주민의 1/4로 제한하고 있는 「선거법」상의 농민들에 대한 차별 조항을 폐지하지 않는 한 농민공 문제의 진정한 해결을 기대하기는 어려울 것이다.

제4장

# 농민들의 출관노동과 그 영향
'3농 문제'를 해소할 수 있을까?

이전 장에서는 1990년대에 들어 중국에서 내륙의 농촌 지역을 중심으로 수많은 농가 노동인구 및 그 가족들이 연해 지역, 특히 대도시로 이동해 간 것에 대해 충분히 설명했다.

'농민공'이라 불리는 사람들은 태어나면서 얻은 농촌 호적을 고향에 남겨놓은 채 도시 지역 등으로 출관노동을 나간다. 출관노동으로 얻은 수입의 많은 부분을 시골에 남아 있는 가족에게 보내 가족의 총수입을 증가시킨다. 그리고 '적은 토지에 많은 노동력'이라고 하는 잉여 노동력 문제를 경감시키는 데도 출관노동이 수행하는 역할이 크다. 한편 출관노동을 그만두고 귀향한 사람들은 바깥 세상에서 익힌 기술이나 체험을 활용하여 고향에서 새로운 사업을 일으키는 등 지역 경제 진흥의 주역을 담당하는 경우도 있다. 농민들의 출관노동은 농가 저소득, 농업생산성의 낮음, 농촌 사회경제의 황폐함이라는 '3농 문제'를 해결하는 전가의 보도 같은 것으로 기대되었다.

농민들의 출관노동이 농가의 소득 증대를 가져온 것은 확실한 사실이고, 동·중·서부 간 농가 소득의 격차를 시정하는 데에도 긍정적으로 작용해왔다. 그러나 출관노동자가 청장년층에 집중된 것, 솔가하여 이촌하는 자가 적은 것, 농촌의 교육이나 의료 등의 공공서비스에 대한 정부의 재정 지원이 부족한 것 같은 문제들이 영향을 미쳐 출관노동자의 급증과 더불어 많은 문제가 발생했다.

이 장에서는 필자가 직접 실시한 농가 조사의 개별 표집자료를 포함한 여러 자료를 사용하여 출관노동이 가져온 경제적 효과, 출관노동 세대 및 출관노동자들의 모습, 출관노동을 규정하는 요인들, 출관노동의 증가에 수반된 남겨진 아동·여성·노인 문제 등에 대해 고찰하고 분석한다.


## 농가 소득과 비농업 취업

### 높아지고 있는 비농업 수입의 비율

인구가 많고 경작지는 적다는 특징을 가진 아시아의 농촌에서는 겸업으로 급여 등의 비농업 수입을 늘리는 것이 농가 소득을 올리는 데 불가결한 요인이다. 1960년대 이래 일본에서 농촌 - 도시 간의 소득 격차가 시정된 배경에는 농가의 겸업 수입이 급증한 것이 있다.

1980년대의 중국에서는 대도시 주변의 농촌과 연해의 선진 지역에서 농촌 공업을 주로 하는 향진기업들이 생성·성장하여 많은 취업 기회를 창출했다. 청년들은 기업에 근무하고 급여를 받았다. 그리하여 급여가

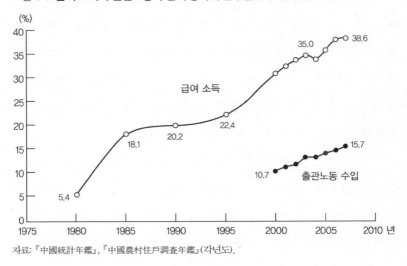

그림 4-1 **급여 소득과 출관노동 수입이 농가의 순수입에서 차지하는 비율**

자료: 『中國統計年鑑』, 『中國農村住戶調査年鑑』(각년도).

농가 총소득에서 차지하는 비율도 상승했다.

〈그림 4-1〉은 급여 소득 및 출관노동 소득이 농가의 순수입에서 차지하는 비율을 나타낸 것이다(2000년 이전의 출관노동 수입에 관한 자료는 공표되지 않았다). 이 그림에 나타나 있듯이 1980년대 전반부에는 연해 지역을 중심으로 향진기업들이 성장하여 농가의 급여 소득이 급속히 증대되었다. 그러나 그 후의 10년 동안에는 급여 소득이 순수입에서 차지하는 비율의 상승 정도가 둔화되어 20% 정도에서 안정화되었다. 이는 중서부 농촌에서 향진기업의 성장이 지체되어 농가의 비농업 수입이 전체적으로 증가하기 어려운 구조로 되어갔기 때문이다.

이러한 상황이 일변한 것이 1990년대 후반에 들어서면서이다. 비농업 수입이 적은 중서부 농촌으로부터 연해부로 출관한 농민들이 증가했고 그것에 수반하여 출관노동자들로부터의 송금 수입이 증가했다. 1990년대 후반의 출관노동 수입은 자료로는 파악되지 않지만 순수입에서 차지하는 비율이 크게 높아졌음에 틀림없다. 그리고 급여 소득이 순수입에서 차지하는 비율이 급상승한 것도 주로 출관노동 수입의 증가에 의한 것으로 생각된다. 이러한 경향은 2000년대에 들어와서도 거의 변화가 없다.

즉, 중국의 농촌에서는 2005년경까지 농가 순수입의 30~40%가 급여 소득에서 나왔고 그 상승분이 주로 출관노동 수입의 증가에 기인했다고 할 수 있다. 금후로도 소득 증가를 실현하기 위해서는 출관노동 수입의 안정적 확대가 대단히 중요한 의미를 가질 것이다.

### 농가 인구의 속성과 출관노동

그렇다면 농가 수입이 출관노동 등 노동력의 사용 상황과 어떤 관계에 있는 것일까?

보통 농가의 노동력은 그것을 보유한 개개인의 속성에 따라 다른 형태로 이용된다. 주거·직업선택의 자유가 보장된 사회에서의 농가는 자신이 보유한 노동력을 가족농업과 그 지방의 비농업 및 타지역으로의 출관노동 등으로 배분함에 있어 개인 단위보다는 세대 전체의 수입이 가장 많아지도록, 그리고 리스크가 가장 적어지도록 결정할 것이다. 그 결과 젊고 교육 수준이 비교적 높은 사람은 전문적 지식이나 높은 적응력을 필요로 하는 비농업 부문에 취직할 가능성이 높고, 그중에서도 일부 유능한 사람은 인적 자본이 높게 평가되고 수입 수준도 높은 도시 지

그림 4-2 16세 이상 인구의 속성별·출관노동 유무별 구성(중부 4성, 2008년)

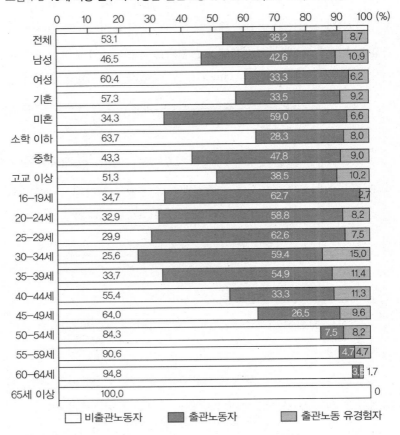

| | 비출관노동자 | 출관노동자 | 출관노동 유경험자 |
|---|---|---|---|
| 전체 | 53.1 | 38.2 | 8.7 |
| 남성 | 46.5 | 42.6 | 10.9 |
| 여성 | 60.4 | 33.3 | 6.2 |
| 기혼 | 57.3 | 33.5 | 9.2 |
| 미혼 | 34.3 | 59.0 | 6.6 |
| 소학 이하 | 63.7 | 28.3 | 8.0 |
| 중학 | 43.3 | 47.8 | 9.0 |
| 고교 이상 | 51.3 | 38.5 | 10.2 |
| 16–19세 | 34.7 | 62.7 | 2.7 |
| 20–24세 | 32.9 | 58.8 | 8.2 |
| 25–29세 | 29.9 | 62.6 | 7.5 |
| 30–34세 | 25.6 | 59.4 | 15.0 |
| 35–39세 | 33.7 | 54.9 | 11.4 |
| 40–44세 | 55.4 | 33.3 | 11.3 |
| 45–49세 | 64.0 | 26.5 | 9.6 |
| 50–54세 | 84.3 | 7.5 | 8.2 |
| 55–59세 | 90.6 | 4.7 | 4.7 |
| 60–64세 | 94.8 | 3.5 | 1.7 |
| 65세 이상 | 100.0 | | 0 |

역의 근대적 기업에서 일하게 된다. 반대로 교육 수준이 비교적 낮은 사람과 고령의 여자들은 가족 농업에 종사하는 일이 많다.

필자는 2008년 2월에 장시성, 안후이성, 후난성 및 허베이성의 13촌에서 503호(세대원 수 1,910명)를 무작위로 추출하여 농가 인구와 취업에 관한 질문표 조사를 해본 바 있다(이하 '중부 4성 농가 조사').[1] 〈그림 4-2〉

는 16세 이상의 비(非)재학자를 출관노동 유무 등에 따라 집계한 결과다. 현역 출관노동자, 출관노동 경험이 있는 그 지방 취업자 및 출관노동 경험이 없는 그 지방 취업자의 셋으로 나누어 형태별(토지 청부자, 행정기관 등, 국유기업, 집단기업, 자영업, 사영기업, 외자계 기업, 기타)로 크로스 집계하여 그 잔차분석(殘差分析)을 해본 결과, 현역 출관노동자들은 집단기업, 사영기업 및 외자계 기업들에, 출관노동 경험이 있는 그 지방 취업자들은 가족농업과 행정기관 등에, 그리고 출관노동 경험이 없는 그 지방 취업자들은 자영업에 각각 현저하게 많이 분포되어 있었다.

이 그림으로 알 수 있듯이, 성별, 혼인 상황, 학력 및 연령계층이 다름에 따라 각각의 현역 출관노동자와 출관노동 유경험자 간 비율이 서로 달랐다. 조사대상자 전체에서는 현역 출관노동자 및 출관노동 유경험자가 각각 38.2%, 8.7%를 차지하고 있는 데 비해, 성별에서는 남성 현역 출관노동자 비율이 여성보다 9% 높았고, 미혼자의 비율도 기혼자보다 26% 더 높았다. 교육 수준별로는, 중졸이 가장 높아 47.8%에 달했고 고졸 이상은 전체와 거의 같은 수준에 머물러 있었다. 39세까지의 각 년도 연령층에서는 현역 출관노동자 비율이 60% 정도로 전체 평균보다 훨씬 높았다.

즉, 출관노동이라고 하는 취업 행동을 선택함에 남성, 미혼자, 청장년층이 분명한 우위성을 갖고 있었음에 비해 학력과 관련해서는 교육 수준이 높은 것과 출관노동 경향이 강한 것 사이에 반드시 양(楊)의 상

---

1  이 조사는 와세다대학 현대중국연구소의 연구비로 실시된 것이다.

관관계가 있는 것은 아니었다. '농업'이라는 호적이 도시 지역에서의 취업, 임금 등에 불리한 영향을 주고 있어, 고졸 이상의 사람은 출가노동보다 그 지방에서의 취업을 선택하고 있었던 것이다.


## 출관노동 농가와 출관노동자

필자는 최근 20년 동안 중국 각지의 농촌들에 대한 조사를 해왔다. 1990년대 초까지는 어떤 촌(村)에 가더라도 청년들을 많이 볼 수 있었고 와자지껄하다는 느낌을 받았다. 그러나 2000년대에 들어오면서 그러한 광경이 사라지기 시작했다. 청년들이 도시로, 연해 지역으로 나가기 시작했고 촌에는 출관노동하러 나갈 수 없는 노인이나 아이들 및 그들을 돌보아야 하는 젊은 어머니들의 모습이 많아졌다. 2006년과 2008년 3월 고향인 안후이성의 농촌 조사를 하던 때 필자는 너무 황량해진 풍경을 보고 약간의 충격을 받은 바 있다.

필자(40대 전반부)보다 연하의 남성을 거의 볼 수 없었고 길에서 만난 몇몇 나이 든 분과 젊은 부인들은 어린아이들을 돌보고 있었다. 출관노동 수입으로 만들어진 몇 채의 2층짜리 가옥들이 2, 30년 전에 세워진 구(舊)가옥들 가운데 표 나게 눈에 들어오기는 했으나 주인 없는 건물들은 적막하게 서 있었다. 노인들의 이야기에 의하면, 봄이 오면 촌의 이곳저곳에 들풀이 무성하게 자라 1958년의 '대약진운동'이 실패한 후의 농촌 풍경을 방불케 한다고 했다.

중국 내륙의 농촌들에 도대체 무슨 일이 일어난 것일까? 이 절에서는 '중부 4성 농가 조사'의 개별표집 자료를 주로 이용하여 출관노동 농가 및 출관노동자들의 실태를 그려 보이고, 그럼으로써 내륙 농촌들이 얼마나 황량한 상태에 있는가를 입증하고자 한다.

## 출관노동이 어디까지 나아갔는가?

농업부 농촌연구센터가 1999년에 출관노동자를 많이 낸 쓰촨성과 안후이성을 대상으로 행한 농가 조사에 의하면 4,454세대 가운데 현역 출관노동자만 있는 세대가 24.8%, 현역 출관노동자와 출관노동 유경험자의 양자가 있는 세대가 4.0%, 출관노동 유경험자만 있는 세대가 11.7%로 셋을 모두 합하면 40% 가까운 비율이었다. 또한 취업자 1만 4,561명 가운데 현역 출관노동자가 15.7%, 출관노동 유경험자가 6.3%로 보고되었다(白南生·宋洪遠, 2002). 지금으로부터 거슬러 10년쯤 전의 내륙 농촌에서 이미 출관노동이 상당히 심화되고 있었음을 엿볼 수 있다.

이하에서 독자적인 '중부 4성 농가 조사'에 의거하여 출관노동의 실태를 상세히 고찰할 것이다. 출관노동 유무와 출관노동자의 조합을 나타낸 〈표 4-1〉을 보자.

먼저 출관노동 세대의 유형별 구성으로부터 알 수 있듯이 조사대상 농가의 61.8%에 해당하는 311세대에서 어떤 유형이든 간에 출관노동자(현 바깥으로 이동한 자)가 나왔다. 구체적으로 말하면 13.5%의 농가는 노동력 인구 전체가 출관노동을 위해 밖으로 나갔고, 현역 출관노동자만 있는 세대는 41.4%, 현역 출관노동자와 출관노동 유경험자의 양자가

표 4-1 출관노동자 유무 등에 의한 세대 유형화 및 해당자 수(중부 4성, 2008년)

| | 세대 수 | 구성비(%) | 해당자 수 |
|---|---|---|---|
| 출관 경험 없는 비출관 세대 | 137 | 27.2 | |
| 출관 경험 있는 비출관 세대 | 55 | 10.9 | |
| 출관 유경험자와 현역이 병존하는 세대 | 35 | 7.0 | 55 |
| 일부가 현역 출관노동자인 세대 | 208 | 41.4 | 359 |
| 전원이 현역 출관노동자인 세대 | 68 | 13.5 | 147 |
| 전체 | 503 | 100.0 | 561 |
| 비출관 세대 | 192 | 38.2 | |
| 세대주만 출관노동자인 세대 | 47 | 9.4 | 47 |
| 배우자만 출관노동자인 세대 | 7 | 1.4 | 7 |
| 부부만 출관노동자인 세대 | 89 | 17.7 | 178 |
| 부부와 자녀가 출관노동자인 세대 | 26 | 5.2 | 86 |
| 배우자와 자녀가 출관노동자인 세대 | 14 | 2.8 | 39 |
| 자녀만 출관노동자인 세대 | 127 | 25.3 | 204 |
| 전체 | 502 | 100.0 | 561 |

있는 세대는 7.0%였다. 한편 출관노동 유경험자는 있으나 현역 출관노동자는 없는 세대가 55호(전체 세대의 10.9%), 양자 모두 없는 세대가 137호(전체 세대의 27.2%)였다. 1999년의 쓰촨·안후이 조사와 직접 비교할 수는 없지만, 최근 10년 가까운 시간 동안에 농촌의 출관노동이 더욱 심화되고 있는 것이 분명했다.

다음으로 출관노동자들의 조합에 따른 세대 유형을 살펴보자. 자녀만 출관한 세대가 가장 많아 조사대상 농가의 25.3%에 해당되는 127호에 달했다. 그것에 이어지는 것이 부부만 출관한 세대로 전체의 17.7%였고 세대주만 출관한 세대가 9.4%였다. 부부 모두가 또는 그중 한 사람이 부재 중인 세대는 전체의 36.5%에 달했다.

표 4-2  처음으로 출관 나간 시기별 인원수, 교육과 연령

(단위: 명, 년, 세)

| | 인원수 | 교육 연수 | 교육 연수 변동계수 | 연령 | 연령 변동계수 | 졸업 경과 연수 |
|---|---|---|---|---|---|---|
| 1990년 이전 | 37 | 8.5 | 0.592 | 22.5 | 0.297 | 10.5 |
| 1991~1995년 | 88 | 7.4 | 0.441 | 22.6 | 0.251 | 9.2 |
| 1996~2000년 | 226 | 7.9 | 0.366 | 24.1 | 0.339 | 10.4 |
| 2001년 이후 | 314 | 8.5 | 0.356 | 25.4 | 0.423 | 11.0 |

주: ① 연령은 조사시 연령 − 처음으로 출관한 이후의 경과 연수.
   ② 졸업 경과 연수는 졸업한 이후의 연수.

## 처음으로 출관 나가는 때의 기본 상황

지역 간 인구이동이 1990년대 후반부터 왕성해졌다는 것을 제2장과 제3장에서 기술했는데, 처음으로 출관 나간 때의 연령이나 학교 졸업 후 몇 년이나 경과했는지 등에 대해서는 언급하지 않았다. 이제 '중부 4성 농가 조사'(출관 후 귀향해 있는 자들을 포함함)에 의거하여 처음으로 출관 나간 시기별 인원수, 평균 교육 연수, 평균연령 및 졸업 후 평균 경과 연수를 상세히 살펴보기로 한다. 그 결과를 나타낸 것이 〈표 4-2〉이다.

첫째로 해당자 665명의 출관 나간 시기별 분포를 보면, 81.2%나 되는 사람이 1996년 이후 현 바깥으로 나가기 시작했다는 것을 알 수 있다. 이는 인구센서스 등의 전국조사로써 파악된 인구이동의 모습과 거의 중첩된다.

둘째로 출관하는 사람의 평균 교육 연수는 시간의 경과와 함께 길어지고 있다. 이것은 예상대로의 결과인데, 교육 연수의 불규칙성을 나타내는 변동계수로부터 교육 연수의 평준화가 진행되고 있다는 것도 알 수 있다. 이는 중국에서의 의무교육 보급과도 관련된 결과일 것이다.

셋째로 처음으로 출관노동을 시작하는 연령이 서서히 상승하고 있고 출관노동자들 간의 연령차도 1991년 이래 커지고 있다(변동계수[2]를 보라). 이는 출관노동자 가운데 중·고교를 갓 졸업한 자뿐만 아니라 학교 졸업 후 그 지방의 농업 또는 향진기업에 취직했다가 다시 현 바깥으로 출관 나가는 자가 늘어나고 있다는 것을 의미할 것이다. 중학교나 고교를 졸업하고 몇 년 후에 출관 나가는가에 관한 집계 결과도 이러한 판단을 지지하고 있다. 1990년대 전반기의 사람들은 학교 졸업 후 평균 9.2년 지나 현 바깥으로 출관 나갔음에 비해 1990년대 후반기와 2001년 이후에는 각각 10.4년, 11.0년을 지나서였다. 이는 농촌 지역으로부터의 노동력 공급상의 제약이 점차 강해지고 있고 또 출관노동 예비군의 주체가 갓 졸업한 청년들로부터 농업 등의 취업 체험을 가진 자들로 변하고 있다는 추측을 가능케 한다.

### 출관노동자와 재촌자의 차이

현역 출관노동자의 연령과 교육 수준에 관한 특징들을 좀 더 선명하게 드러내기 위해 비출관노동자 또는 출관노동 유경험자들과 비교해보기로 한다. 〈표 4-3〉은 '중부 4성 농가 조사'를 토대로 한 집계 결과이다(16세 이상 인구의 비재학자). 먼저 연령에 대해서는, 비출관노동자, 현역

---

2  변동계수란, 표준편차를 평균치로 나눈 값으로서, 평균치가 현저하게 다른 그룹에서의 개체 간 불규칙성의 정도를 나타내는 통계지표다. 예를 들면 체중이 제각각인 쥐 그룹과 고양이 그룹이 있다고 할 때 각 개체 간의 불규칙성을 비교하는 데는 변동계수가 유효한 척도가 된다.

표 4-3 16세 이상 인구의 출관노동 상황과 연령·교육 연수

(단위: 세, 년)

|  |  | 전체 | 남성 | 여성 |
|---|---|---|---|---|
| 연 령 | 비출관노동자 | 46.2 | 47.4 | 45.1 |
|  | 현역 출관노동자 | 31.8 | 32.8 | 30.5 |
|  | 출관노동 유경험자 | 37.3 | 38.7 | 34.6 |
| 교육 연수 | 비출관노동자 | 6.6 | 7.6 | 5.8 |
|  | 현역 출관노동자 | 8.1 | 8.8 | 7.2 |
|  | 출관노동 유경험자 | 7.6 | 8.2 | 6.3 |

출관노동자 및 출관 유경험자의 평균연령에 큰 차가 있는 것을 알 수 있다. 현역 출관노동자가 젊고 출관 유경험자가 그다음이며 출관 경험이 없는 그 지방 취업자의 평균연령이 가장 높다는 사실을 확인할 수 있다. 성별로는 여성의 경우 더 젊은 연령층에 출관노동자가 집중해 있는데, 그녀들은 남성보다 4년 정도 빨리 출관을 중단하고 귀향하고 있었다.

그다음으로 교육과 출관노동과의 관계에 대해서는 현역 출관노동자와 출관노동 유경험자 간에 큰 교육격차는 발견되지 않았다. 이는 전술한 고졸 이상 인구의 출관노동자 비율과 정합적(整合的)이다. 농촌사회에서는 학력이 높은 사람들이 왕왕 촌의 간부나 교사 또는 의사들이고 장사 등을 영위하는 자영업자들이다. 그런 의미에서 〈표 4-3〉에 표시된 수치들은 당연한 결과라 할 수 있다.

## 출관노동의 규정요인: 지역, 세대 및 개인의 관점에서

농민들의 출관노동은 전체적으로 크게 확대되어왔고 농가 소득 증가와 지역 간 격차를 시정하는 데에도 적극적인 역할을 해왔다. 그런데 출관노동이란 현상은 어느 지역에서나 또는 같은 촌(村)의 모든 세대에 똑같은 확률로 관측되는 것이 아니고 또 농가 인구 중 누구에게나 가능한 것도 아니다. 인구센서스의 분석으로부터도 알 수 있듯이 지역 간 인구 이동은 지역, 세대, 그리고 개인의 속성들과 깊은 관련이 있는 사안이다. 이하에서 지역, 세대 및 개인의 세 가지 차원에서 노동 이동의 수준(총인구에서 이동자들이 차지하는 비율, 즉 이동률) 및 출관 행동의 유무와 관련된 여러 요인의 영향에 대해 실증적으로 분석·설명하기로 한다.

### 출관노동과 지역의 경제 발전

시골을 떠나 멀리 있는 도회지로 돈 벌기 위해 나가는 것은 리스크를 수반하는 선택이다. 그 지방에서의 일을 그만두는 것에 의한 기회비용도 발생하고, 교통비나 취직활동 중에 드는 경비 문제도 있다. 일정한 경제적 조건, 즉 이동에 수반하는 경비를 부담할 수 있는 충분한 경제력이 없다면 출관하고 싶더라도 그렇게 할 수 없다는 점이 존재한다. 한편 충분한 수입을 얻고 있는 풍부한 지역 또는 계층에 소속된 사람들이라면 애초에 친족과 떨어져 타향살이를 할 필요를 느끼지 못할 것이다. 결국 출관노동을 선택할 확률이 비교적 높은 자는 중(中) 정도의 소득계층에 집중되기 쉽다고 말할 수 있다(杜鷹·白南生, 1997).

그런데 쓰촨성·안후이성 농가 조사에 의하면 두 성의 전체 조사대상을 소득을 기준으로 10등분한 각분위에서의 향외(鄕外)로 이동한 자들의 노동력 인구 대비 비율은 소득 수준과 유의미한 상관관계를 갖고 있지 않았다. 또한 현별 농가인구 1인당 순수입과 이동자들의 노동력 인구 대비 비율 간에도 유의미한 상관관계가 없었다. 평균 소득이 높은 지역에서는 높은 이동률이 관측되지만, 소득이 비교적 낮은 지역이라 하더라도 이동률이 반드시 낮은 것은 아니었다. 바꿔 말하면 개개 지역에서의 경제적 발전 상황은 농가 노동력 출관의 상대적 수준에 유의미한 영향을 미치지 않았다는 것이다.

실제로 인구이동의 규모와 방향에 관한 제2장의 분석으로부터도 알 수 있듯이, 사람들의 지역 간 이동에는 이동자의 동향인이나 친척 같은 개인적 관계의 유무가 크게 작용한다. 누군가가 처음으로 타 지역에서의 취업에 성공하면 그 사람이 먼저 주변 사람들의 취업을 알선해주고, 그리고 그 사람들도 같은 형태로 이동자들을 늘려나가는 것이다. 특정 지역으로부터의 출관노동자가 늘어나는 데에는 흔히 그와 같은 '고구마 덩굴 잡아당기기' 식의 이동방식이 작동하고 있다.

### 세대 단위로 본 출관 행동의 규정 요인

그런데 같은 지역 또는 같은 촌(村) 가운데서도 모든 농가가 똑같은 확률로 출관노동자를 내는 것은 아니다. 여러 명의 출관노동자를 낸 농가가 있는가 하면 출관노동자가 없는 세대도 드물지 않다. 개개 세대에서의 출관노동자 수를 규정하는 요인은 무엇일까?

표 4-4 **농가 세대의 출관 행동 규정 요인**
**(출관노동자 수의 tobit모형, 중부 4성,**
**2008년)**

| | 회귀계수 | dy/dx |
|---|---|---|
| 정수항 | -0.984 | -0.200*** |
| 세대원 수 | 0.497 | 0.101*** |
| 세대주 교육 연수 | 0.055 | 0.011*** |
| 비농(非農)호적 더미 | -0.398 | -0.081* |
| 1인당 논 면적 | -0.236 | -0.048+ |
| 1인방 밭 면적 | 0.296 | 0.060** |
| 6세 이하 인원수 | -0.431 | -0.088*** |
| 7~15세 인원수 | -0.286 | -0.058*** |
| 조사지역 더미(13) | 있음 | |
| Log likelihood | -613.1 | |
| 관측 수 | 482 | |

주: ***, **, * 는 각각 1%, 5%, 10%로 유의미하다는 것
을 나타낸다.

여기서는 '중부 4성 농가 조사'의 자료를 사용하여 개개 농가에서의 출관노동자 수를 규정하는 요인이 무엇인가를 살펴보기로 한다. 분석 방법에 관한 상세한 설명은 생략하겠거니와 출관노동자 수에 영향을 미칠 것으로 보이는 제 요인, 예를 들어 세대원 수, 세대원의 취업 선택 등에 큰 발언권을 행사하는 세대주의 교육 수준(이는 개인의 소질이나 능력을 나타내는 것으로 생각된다), 농가의 경영조건을 가리키는 경지면적, 육아의 필요성 유무를 반영하는 아동 수 등을 추출하여 중(重)회귀분석을 해보면 그 각각이 출관노동자 수에 미친 영향의 유무나 정도가 드러난다. 〈표 4-4〉는 계량분석을 통해 얻어진 결과다. 제 요인의 회귀계수, 한계효과 및 유의미 수준으로부터 다음과 같은 사실들을 지적하는 것이 가능했다.

첫째로 출관노동자의 다과는 세대원 수와 유의미성이 높은 상관관계를 갖는다. 세대원 수가 1명 증가함에 따라 출관노동자 수가 0.101명 증가했다. 다른 조건이 동일할 경우 인원이 비교적 많은 세대에서 출관노동자가 나오기 쉽다는 것이다.

둘째로 세대주의 교육 수준과 출관노동자 수 사이에 양의 상관관계

를 볼 수 있었다. 세대주의 교육 연수가 길수록 당 세대의 출관노동자 수도 늘어나는 경향이 있었다. 이것은 교육 수준이 비교적 높은 세대주들이 강한 출관 지향성을 갖고 있다는 것과 이들은 높은 수입을 얻기 위해 자녀 등의 출관에 대해서도 적극적이라는 양 면을 함축하고 있다고 생각할 수 있으나, 아무튼 세대주의 교육 수준이 세대 전체의 출관 행동에 강한 영향을 주고 있다는 것은 흥미로운 사실이다.

셋째로 농업 경영의 기초 조건인 경지면적이 출관에 미치는 영향에 대해서는, 논과 밭이 서로 다른 결과를 나타냈다. 다른 조건이 같은 경우 1인당 논 면적이 많은 세대일수록 출관노동자 수가 감소함에 비해 1인당 밭 면적이 많은 세대에서는 출관노동자 수가 늘어날 가능성이 높았다. 이해하기 어려운 결과인데, 여기서는 그 이유를 깊이 파고들지 않기로 했다. 덧붙여 말한다면 조사대상 농가에서는 1인당 논과 밭의 면적이 각각 8아르(are), 5.3아르였다.

네 번째로 아동의 수 및 의무교육 시기 학생의 수와 출관과의 관계에 대해서는, 거의 예상했던 대로의 결과가 얻어졌다. 양육이나 교육에 품을 들여야 하는 자식 있는 세대에서는 출관을 희망하더라도 물리적인 제약이 있어 그렇게 할 수 없거나 또는 일부 세대원밖에 출관하지 못한다. 구체적으로 말하면 아동 또는 학생이 1명 늘어남에 따라 출관노동자 수는 각각 0.0888, 0.058명씩 감소했다.

## 개인 차원에서 보는 출관 행동의 규정 요인

여러 선행연구로 분명해졌듯이 출관이란 행동이 모든 사람에게 똑같은 확률로 발생하는 것은 아니다. 지역 간 노동 이동에 관한 경제이론의 사고에 의하면 이동과 개인의 속성 간에는 다음과 같이 정리할 수 있는 관계가 있다(嚴善平, 2005).

① 이동자는 도시 지역이나 선진 지역으로 이동하여 높은 수입을 올리는 한편으로 고향을 떠나 미지의 생활환경에 적응하고 익숙지 않은 업무를 수행해야 하며 교통비 같은 물리적 비용뿐만 아니라 가족과 이별하여 생활하는 데 따른 정신적 부담도 져야 한다.

② 출관 이동을 통해 얻는 수입이나 이동하지 않았을 때의 수입과의 격차가 개인의 속성에 따라 다르다는 것이다. 보통 젊은 연령층일수록 그리고 교육 수준이 높은 계층일수록 도시생활에 적응하기 쉽고 새로운 업무의 노하우를 습득하는 데도 빠르다. 한편 이동하여서 퇴직할 때까지의 기간이 젊을수록 길고 정신적 고통으로 인한 부담도 적다. 그 결과 생애기대수입(生涯期待收入) 및 이동하지 않았을 때의 생애수입 격차가 젊은 층일수록 크다. 바꿔 말하면 나이가 많아지는 것과 출관 행동 사이에는 음(陰)의 상관관계가 존재하는 것이다.

③ 성별, 혼인 상황 외에 공산당원인가의 여부, 비농업 호적인가의 여부 같은 중국 특유의 요인들도 출관 행동에 영향을 미친다. 다만 그 각각이 출관에 어떠한 효과를 미치는가가 반드시 명확한 방향성을 갖고 있는 것은 아니다.

〈표 4-5〉는 16세 이상 비(非)재학자의 출관 행동을 규정하는 요인들에 관한 분석 결과인데, 같은 표로부터 주된 사실관계를 확인해본다(모형에 관한 설명은 생략).

표 4-5 농가 세대원들의 출관 행동을 규정하는 요인들(Logistic 모형,
현역 출관노동자=1, 안후이·장시·후난·후베이의 13촌, 2008년)

| | 계수·B | 유의미 수준 | Exp(B) |
|---|---|---|---|
| 정수(定數) | -2.331 | *** | 0.097 |
| 연령(조사 시점) | 0.206 | *** | 1.229 |
| 연령 제곱/100 | -0.401 | *** | 0.669 |
| 교육 연수 | 0.068 | | 1.071 |
| 교육 연수 제곱/10 | -0.090 | ** | 0.914 |
| 성별 더미(남성=1) | 0.607 | *** | 1.836 |
| 혼인 더미(기혼=1) | -0.285 | | 0.752 |
| 호적 더미(농업=1) | 0.541 | | 1.717 |
| 정치 더미(당원=1) | 0.310 | | 1.363 |
| 지역(省) 더미 | 있음 | | |
| Nagelkerke R 제곱 | 0.349 | | |
| Cox & Snell R 제곱 | 0.257 | | |
| 관측 수 | 1452 | | |

주: ***, ** 는 각각 1%, 5%로 유의미함을 나타낸다.

첫째로 연령 및 그 제곱 회귀계수가 모두 1% 수준으로 유의미하기는 하나 각각의 부호에 주목하여 다음과 같이 말할 수 있을 것이다. 즉, 젊은 층에서는 나이가 늘어남에 따라 출관 나갈 확률이 출관 나가지 않을 확률보다 높다[Exp(B)는 양자의 비율로 오즈비(odds ratio)라 불린다]. 그러나 일정 연령을 넘으면 그 관계가 역전된다. 나이가 늘어나는 것과 출관 행동과의 관계가 연령층에 따라 달라진다는 뜻이다.

둘째로 다른 조건이 동일한 경우 여성에 비해 남성이 출관할 확률이 1.8배 높다. 기혼자와 미혼자의 출관 확률 오즈비는 0.75로, 낮은 편이다. 기혼자가 출관하기 어렵다는 것이 다시 실증된 것이지만 통계적 우위성은 낮다. 농업 호적의 출관 행동에 대한 영향도 플러스이기는 하나 현저하지는 않았다. 역으로 말하면 비농업 호적을 갖고 있는 사람이 그

지방에서도 비교적 높은 수입을 올리고 있어 취업 환경이 좋지 않은 도시 지역 등으로 굳이 나갈 필요성을 느끼지 않고 있는 것으로 생각된다.

셋째로 교육이 출관에 미치는 영향에 대해서는 다음과 같은 경향을 확인할 수 있다. 개개인의 학교 교육 연수는 출관 행동에 대해 플러스 효과를 주기는 하나 회귀계수의 통계적 유의미성은 낮다. 교육 연수의 제곱 회귀계수는 통계적으로 유의미하기는 하나 마이너스 부호로 되어 있다. 이는 일정한 교육 연수 이상의 고학력자는 출관하기를 좋아하지 않는다는 것을 시사하는 결과다. 보통 높은 교육을 받았다는 것은 인적 자본을 많이 갖고 있다는 것을 의미하며, 시장경제에서 높은 인적 자본을 많이 갖고 있는 사람은 높은 수입을 올릴 수 있는 법이다. 그러나 중국의 농가 인구에서는 그러한 관계가 명확하게 검출되지 않았다. 그 이유로 도시 노동시장에 농민 차별이 존재하여 농업호적을 가진 사람의 인적 자본이 정당하게 평가되지 않고 있는 점을 들 수 있다.

마지막으로 공산당원이란 정치적 신분이 출관에 미치는 영향도 플러스이기는 하나 그 통계적 유의미성은 낮다. 당원 비율이 대단히 낮다는 점도 있어 단정적인 결론을 낼 수는 없으나 지금까지의 중국 연구에서 가장 중시되었던 공산당원이란 요소의 유의미성이 낮았다는 것은 흥미로운 일이다. 선행연구에서는 공산당원을 개개인이 가진 정치자본으로 간주하면서 그것이 인적 자본과 마찬가지로 사람들의 취업 행동이나 수입에 플러스로 유의미한 영향을 주고 있다고 보고되었다(嚴善平, 2008).

## 출관노동에 의한 인구구조의 왜곡과 그 영향

### 농가 인구의 연령구조 변화

중국의 인구센서스에서는 상주지를 베이스로 하여 인구 등기가 행해진다. 농업 호적을 갖고 있는 출관노동자로서 호적등록지로부터 반년 이상 떠나 있는 경우에는 현주지에서 등기를 해야 한다. 그 때문에 인구센서스로 파악되는 농촌인구의 연령 분포는 호적을 기초로 한 것과 다르다. 또한 농촌 지역 청년들이 도시 지역으로 출관 나가 있기 때문에 도시와 농촌의 인구 피라미드도 크게 다른 모양을 보여준다.

〈그림 4-3〉은 2005년의 '1% 인구표본조사'에 의거한 인구 피라미드다. 이 그림을 보면 분명하듯이, 20대부터 40대 전반기까지의 연령층에서 농촌인구의 비율은 낮고 도시인구의 비율은 높다. 숫자로 나타낸다면 농촌인구는 36.0%, 도시인구는 45.3%로, 9포인트나 되는 차이를 보이고 있다. 한창 일할 나이의 노동력 인구가 도시 지역으로 흘러들어가 버림으로써 도시 지역은 경제 발전과 번영이 초래되는 반면 농촌 지역에서는 활력은 청장년인구의 유출로 약화될 수 있다는 것이 지적되어야 할 것이다.

실제로 인구의 연령 구성과 경제 발전과의 관계에 대해, 전국 30여 성·직할시·자치구를 대상으로 한 상관분석으로부터 다음과 같은 흥미로운 관계를 발견할 수 있었다. 즉, 1인당 GDP가 높은 지역일수록 그곳의 14세 이하 연소 인구 비율은 낮았고 15~64세의 생산연령 인구 비율이나 65세 이상의 고령인구 비율은 높았다. 2005년에는 1인당 GDP와

그림 4-3 **인구 피라미드**

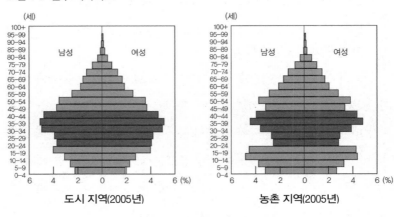

도시 지역(2005년)          농촌 지역(2005년)

각각의 상관계수가 마이너스 0.81, 0.74, 0.53이었다. 농촌 지역, 특히 출관노동자를 많이 낸 중서부 농촌에서 청장년 인구가 현저하게 적었고 그로 인해 경제 성장도 방해를 받았다.

농촌인구에서의 연령 구조상의 왜곡을 자세히 보기 위해 여기서는 인구센서스의 집계 결과로부터 얻을 수 없는 독자적인 조사 자료를 사용해보기로 한다. 〈그림 4-4〉는 필자가 2008년 2월에 구이저우성에서 실시한 5촌(村) 농가 조사 및 전술한 '중부 4성 농가 조사'로부터 얻은 자료로 만들어진 것이다. 구이저우 사례에서는 출관노동 등으로 반년 이상 이촌해 있는 자, '중부 4성' 사례에서는 10개월 이상 이촌해 있는 자를 부재촌자(不在村者)로 하여, 재촌자(在村者)와 구별하여 집계했다.

귀저우 사례에서는 대상 농가인구 1,360명 가운데 22.8%에 해당하는 310명이 연간 반년 이상 촌을 떠나 살고 있었다. 그중에서도 남성의 부재촌 비율이 높았다(26.2%). 그리고 부재촌 인구는 주로 15세부터 39

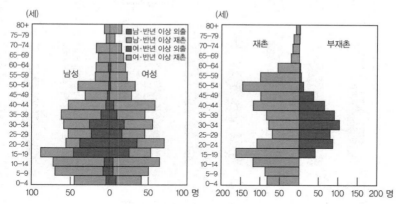

그림 4-4a  조사대상 농가의 인구 피라미드(귀저우 5촌, 2008년)

그림 4-4b  재촌자, 부재촌자의 연령계층별 분포(중부 4성, 2008년)

주: 중부 4성은 2007년 중, 10개월 이상, 구이저우성은 반년 이상 현 바깥으로 출관한 사람들을 부재촌자로 했다.

세까지의 연령층에 집중되었다(81.0%). 그 반대로 재촌 인구의 경우에는 이 연령층의 비율이 극단적으로 낮다(32.1%). 중부 지역의 농촌에서도 거의 같은 현상을 관측할 수 있었다. 〈그림 4-4b〉에서 간취할 수 있듯이 출관하여 집에 있지 않은 부재촌자의 대부분이 15~54세에 집중되어 있는 반면 재촌자는 그 연령대에서 뚜렷한 오목형(凹)을 보이고 있다.

내륙 농촌에서는 도시 지역으로의 출관이 계속 확대된 결과 청장년들이 적고 연소자와 고령자들이 많은 불균형적인 연령구조가 형성되어 버렸다. 이는 농업 경영에 대해 불안정 요소로 작용할 수 있고 건전한 가정생활에도 지장을 초래할 것이다.

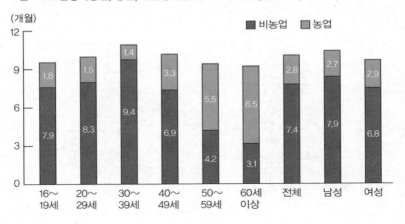

그림 4-5a **연령계층별, 성별, 취업형태별 연간 취업시간(중부 4성, 2008년)**

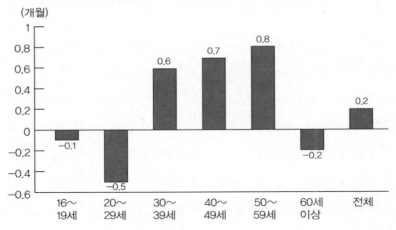

그림 4-5b **연간 농업취업시간의 남녀 차(여성-남성, 중부 4성, 2008년)**

### '3창 농업'의 불안

고도성장기 일본의 농업은 어머니, 할아버지, 할머니를 주된 전력으로 하고 있었다. 그것을 '3창 농업'이라 불렀는데, 오늘의 중국에서도 그러한 현상을 볼 수 있다.

〈그림 4-5a〉는 비농업 취업을 포함한 연간 취업 월수를 성별, 연령계층별로 집계한 것이다. 응답자들이 대략의 취업 월수를 말해준 까닭에 정확성이 약간 결여되어 있으나 취업에 관한 전체 상황은 반영되어 있는 것으로 보아도 좋을 것이다. 다음은 그 요점을 정리한 것이다.

16세 이상 취업자의 평균 취업시간이 2007년에는 10.2개월로 비교적 많았고, 남녀 간 격차도 비교적 작았다(남성이 0.9개월 많았음). 연령계층 별로는 30대의 연간 취업시간이 대략 11개월로 가장 길었지만, 그 밖의 연령층과 눈에 두드러진 차이는 볼 수 없었다. 중부 농촌에서는 농가의 취업자가 전체적으로 충분한 취업 상태에 접근하고 있었고, 성별, 연령 계층별 차이도 작았다.

그런데 남녀별, 연령계층별 취업 내용을 정밀 조사해보니 흥미로운 사실이 판명되었다. ① 농가 노동력이 농업에 이용되는 것은 전체의 1/4 남짓에 불과했다. 이것은 머릿수 통계로 본 농촌 노동력의 제1차산업 취업자 비율 39.1%(『農業發展報告 2007年』)보다 훨씬 낮다. ② 남성의 취업시간이 여성보다 길지만 그중 농업 취업시간은 짧았다. ③ 총취업 시간이 나이를 먹어감에 따라 뚜렷한 변화를 보이지는 않았으나 그중 농업 취업시간은 점점 길어졌다. 60세 이상의 취업자가 농업에 근로하는 시간은 비농업의 두 배를 넘는 정도이다. ④ 연령계층별로 본 남녀의 농업 취업시간에는 큰 차이가 있었다(〈그림 4-5b〉). 전체 취업자에서는 연간 농업 취업시간이 2.8개월이었는데 여성의 농업 취업시간이 남성보다 0.2개월 많았다. 30대부터 50대까지는 여성 쪽이 0.6~0.8개월이나 길게 농업 취업하고 있었다. 중부 농촌에서는 농업이 주로 여성, 그중에서도 비교적 나이를 먹은 40대, 50대 여성 노동력으로 이뤄지고 있었다.

### 시골에 남겨진 약자들

농촌인구에서의 연령 구조상의 왜곡은 '남겨진 아동', '남겨진 노인', '남겨진 아내'라는 현상으로 구현되고 있다. 취학연령에 달하기 전의 유아, 소·중학교에 다니는 학생들의 태반은 부모와 함께 도시 지역으로 이주하지 못하고 조부모와의 공동생활을 강요받는 경우가 많다. 세대를 건너뛴 가정교육이 원인이 되어, 아이들이 과보호받기 쉽고 부모에게서 충분한 애정을 받을 수 없어 성장에 큰 장해가 발생하는 경우도 있다. 비행을 일삼거나, 학업 부진에 빠지거나, 범죄에 물드는 등 남겨진 아동들에게 나타나는 특유의 문제가 많다. 또한 자녀가 출관해 있음으로써 나이 많고 신체가 쇠약해진 부모가 필요한 개호를 받지 못하여 참담하게 사는 경우도 많다. 집안을 떠맡게 된 젊은 주부들은 유아나 고령의 부모를 돌보면서 농업 노동도 해야 하는 까닭에 대단히 무거운 정신적·육체적 부담을 지고 있다.

'중부 4성 농가 조사'에서도 남겨진 아동의 실태를 파악할 수 있다. 조사 대상은 500호 남짓에 총인구가 1,910명이었는데, 15세 이하가 325명(전체의 17.0%)이었다. 이 아이들을 부모가 출관해 있는가의 여부에 따라 분류해보니 다음과 같은 사실들이 판명되었다. 즉, ① 부모가 모두 출관해 있는 6세 이하의 아이가 29명, 7~15세의 아이가 77명으로, 어린이 전체의 32.6%를 차지했다. ② 부나 모가 출관해 있는 아이는 53명으

표 4-6 세대주의 관점에서 본 세대원의 소재지 분포(중부 4성, 2008년)

(단위: %)

|  | 재촌자 | 부재촌자 | 전체(명) | 구성비 |
|---|---|---|---|---|
| 호주 | 63.9 | 36.1 | 512 | 26.8 |
| 배우자 | 73.0 | 27.0 | 474 | 24.8 |
| 자녀 | 67.3 | 32.7 | 716 | 37.5 |
| 손주 | 93.8 | 6.2 | 81 | 4.2 |
| 부모 | 100.0 | 0.0 | 50 | 2.6 |
| 조부모 | 100.0 | 0.0 | 1 | 0.1 |
| 기타 | 63.2 | 36.8 | 76 | 4.0 |
| 전체 | 69.6 | 30.4 | 1,910 | 100.0 |

주: 출관하여 6개월 이상 현 바깥에서 살고 있는 자를 부재촌자로 하고 나머지를 재촌자로 함.

로(그중 부가 출관해 있는 아이가 42명), 전체의 16.3%를 차지했다. ③ 부모가 출관해 있어 조부모의 보호를 받고 있는 아이는 55명으로, 전체의 16.9%를 차지했다. ④ 비출관 세대 속하는 아이는 111명으로, 전체의 34.2%를 차지했다.

〈표 4-6〉은 세대주를 기준으로 한 세대원별 구성비 및 세대별로 본 재촌자·부재촌자의 구성비를 나타낸 것인데, 세대주 및 배우자가 전체 인구에서 차지하는 비율은 51.6%, 그 자녀가 차지하는 비율은 37.5%, 그 밖의 포지션에 있는 세대원들은 모두 합해 10% 남짓으로 아주 적었다. 자녀의 비율이 비교적 높은 것은 한 쌍의 부부에 1명 이상의 자녀가 태어난 때문으로 생각된다.

세대 안에서의 지위에 따라 세대원들이 이촌하는 상황을 보면, 세대주(전원 남성)와 배우자 간에 9%의 차이가 있었고, 손자(녀) 또는 부모, 조부모인 사람들의 대부분은 농촌의 고향집에 남아 있는 것이 분명했다.

이들 숫자는 조사대상 지역의 상황을 나타낸 것인데, 전국 농촌의 평균적인 모습도 이와 같다고 말할 생각은 없지만, '남겨진 아동', '남겨진 노인', '남겨진 아내'라는 문제의 일단은 농가 조사의 마이크로 데이터에서 확인할 수 있었다고 할 수 있겠다.


## 결어

이 장에서는 농민의 출관노동 및 그 영향에 대해 독자적인 농가 앙케트 조사를 이용하여 실증적으로 분석해보았다. 그리하여 밝혀진 사실들을 다음에 정리하면서 약간의 문제를 제기하겠다.

1990년대 이후 중국에서는 농가 소득에서 급여소득, 특히 출관노동 수입이 차지하는 비율이 급상승해왔다. 이는 다름이 아니라 농민들의 출관노동이 급증한 까닭이지만, 출관노동의 유무 및 다과는 개개 세대 또는 개인들의 속성과 밀접한 관계에 있다. 여성, 기혼자, 연장자에 비해 남성, 미혼자, 청장년층에서 출관자 비율이 현저히 높고 중졸의 출관자 비율이 소졸이나 고졸보다 현저히 높다.

세대 차원에서는 출관노동자 수가 세대원 수나 세대주의 교육 수준과 양의 상관관계를, 논 면적이나 유아·아동의 수와는 음의 상관관계를 보이고 있다. 출관노동의 선택이 개인뿐만 아니라 세대의 속성으로부터도 강한 영향을 받고 있다는 뜻이다. 다른 한편, 출관의 상대적 수준이 개개 지역의 경제 상황과 유의미한 상관관계를 갖고 있지는 않다. 소득 수준이 낮은 후진 지역이라고 해서 출관자가 더 많이 나오는 것이 아니고 그 반대도 마찬가지다.

　이러한 사실들에 비추어 농민들의 출관노동을 촉진해 농민들의 총수입에서 출관노동 수입이 차지하는 비율을 높이는 것은 가능한 일이지만 반드시 저소득 지역 또는 저소득층이 그 혜택을 입게 될 것으로 단정할 수는 없고, 따라서 특별한 출관노동 촉진책, 예를 들어 빈곤지역이나 저소득층에 대한 교육투자의 증가나 노동시장의 기능 강화를 새롭게 도모할 필요가 있다고 지적할 수 있다.

　한편 청장년층을 중심으로 한 출관노동자의 증가에 수반하여 농촌인구의 연령 구조에 이변이 일어나고 있다. 많은 집에서 한창 일할 나이의 세대주 또는 그 부부가 항상적으로 촌을 떠나 있고 나이 많은 부모나 나이 어린 아이들만이 집을 지키고 있게 되었다. 농촌의 생산 활동을 주로 고령자, 특히 여성 고령자들이 담당하고 있다. 이른바 '3창 농업'이 더욱 심화될 경우 식량의 안정적 생산에 지장이 발생할 가능성이 있을 것으로 생각된다. 이를 피하려면 앞으로 중국이 농민공 정책과 함께 농업과 농촌에 대한 재정투융자 제도를 발본적으로 뜯어고쳐야 할 것이다. '3농 문제'는 농민들의 출관노동만으로는 해결될 수 없어 보이기 때문이다.

제5장

# 농민공 문제의 여러 모습
## 농민공은 국민이 될 수 있을까?

　제3장, 제4장에서는 세계의 공장을 하층에서 떠받치고 있는 농민공들의 전체상, 농민공 정책의 전환 과정, 그리고 농민들의 출관노동과 그 영향에 대해 농촌 측면에서 고찰해보았다. 이 장에서는 분석의 시점을 농민공들이 일하고 있는 도시 측면으로 옮겨 도시 지역에 존재하는 농민공 문제의 여러 측면을 고찰하기로 한다. 이를 통해 현대 중국이 안고 있는 큰 문제 중 하나, 즉 농민공에 대한 차별과 인권 침해의 일면을 밝힐 것이다.

　국무원 연구실이 2006년에 정리해 펴낸 『중국농민공조사보고(中國農民工調査報告)』에 수록된 사법부 보고서를 보면 농민공의 권익과 관련된 주된 문제로서 다음 다섯 가지가 지적되었다. ① 저임금에 더해 지급의 지연 또는 미지급 현상이 눈에 두드러진다. ② 법정시간 외 잔업이 지나치게 많아 충분한 휴식시간을 누리지 못하는 사람이 많다. ③ 안전 조업의 기초조건이 충족되지 않은 위험한 환경하에서 취로를 강요받는 경우가 많다. ④ 산재, 의료, 실업, 연금에 관한 사회보장제도가 농민공들에게는 거의 적용되지 않고 있다. ⑤ 농민공 자녀는 체재지 공립학교에 다닐 수 없다. 이상이 그것들이다(國務院硏究室課題組, 2006). 이하에서 중국 정부도 공인한 농민공의 취업, 생활, 사회보장, 자녀 학교교육 및 기본 인권상 존재하는 문제들을 상세하게 고찰하기로 한다.


## 농민공의 취업 문제


잉여 노동력이 많은 중국에서 도시 노동시장은 완전한 수요자 시장이다. 대부분의 농민공은 친척, 친구, 또는 같은 마을 출신이라는 개인관계에 의지하여 지역 간에 이동하고 취직해왔다. 그 과정에서 행정기관이 하는 역할은 대단히 제한적이다(杜鷹·白南生, 1997; 嚴善平, 2005). 여기서는 농민공의 취업 문제와 관련하여 취업 차별, 저임금, 임금 지급의 지연이나 미지급의 세 가지를 다룰 것이다.


### 농민공에 대한 취업 차별

베이징, 상하이 등의 대도시에서는 농민공에 대한 엄격한 취업 제한이 행해졌다. 노동행정기관에서는 농민공에게 개방하지 않는 업종이나 직종에 관한 명문화된 규정을 내돌렸고 또 각 지방정부는 관내 기업 등의 구인활동에 간접적으로 개입하기를 마다하지 않았다. 특히 국유기업 개혁에서 대량의 실업자를 낸 1990년대 후반부에는 비농업 호적 인구들을 보호하는 취업정책이 많이 시행되었다.

그런데 지나치게 노골적인 농민차별정책이 횡행하자 당연히 그에 대한 비판의 목소리가 나왔다. 예를 들면 1995년에 제정·시행된 「베이징시외래인원관리조례(北京市外來人員管理條例)」가 2005년 3월의 시 인민대표대회에서 폐지되었다. 그렇기는 하나 도시 호적을 가진 그 지역 원주민들을 우선시하는 관행은 대도시를 중심으로 계속 유지되고 있다. 상하이시를 보면 기업 등의 구인정보가 인터넷에 고시되지만 농민공의 경우 15일 이내에는 응모할 수 없게 한다. 일자리 획득 경쟁에 들어서면 그 지방 원주민과 농민공 사이에 기회가 평등할 수 없다.

그 결과 농민공의 다수는 그 자신의 능력이나 의지와 관계없이 방적, 야금, 청소, 건설, 상업, 서비스업 등 도시민들이 혐오하는 3D 업종(더럽고 위험하고 어려운 일)에 취업하지 않을 수 없다. 〈표 5-1〉은 인구센서스로 파악된 상하이시 호적 인구와 농민공들의 직종별 취업구조를 나타낸 것인데, 농민공의 유입에 수반하여 상하이시 호적 인구는 블루칼라에서 화이트칼라로 상향이동(사무·관리직 비율이 10년 동안에 8% 상승)하고 있는 한편 그 지역 원주민들이 떠나 자리가 빈 공장, 건설 현장 또는 레스토랑 등의 3차산업 일자리에 농민공들이 유입되고 있는 것(생산·건설 노동자, 상업·서비스업 종사자의 비율이 크게 변화)이 그러한 사실을 명백히 반영하고 있다.

### 농민공의 저임금

중국에서는 정규 고용된 도시민들의 급여에 관한 업종별·직종별 통

표 5-1  호적 인구와 외래 인구의 직종별 구성 변화(상하이시)

(단위: %)

| | 호적 인구 | | 외래 인구 | |
|---|---|---|---|---|
| | 1990년 | 2000년 | 1990년 | 2000년 |
| 각종 조직책임자 | 3.8 | 3.8 | 1.8 | 1.7 |
| 전문·기술종사자 | 13.6 | 14.7 | 8.6 | 4.8 |
| 사무·관리직 | 5.8 | 13.7 | 6.1 | 4.0 |
| 상업·서비스업 종사자 | 15.1 | 20.0 | 15.9 | 32.8 |
| 생산건설노동자 | 49.8 | 35.7 | 62.5 | 48.9 |
| 농림수산업 종사자 | 11.9 | 12.2 | 5.1 | 7.7 |
| 기타 종사자 | 0.0 | 0.0 | 0.0 | 0.0 |

자료: 1990년, 2000년의 인구센서스에 의한 추계임.

그림 5-1  농민공의 월급(위안/명) 추이 및 지역별 비교

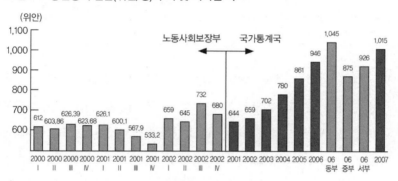

자료: 國家統計局 農家家計調査, 勞動社會保障部 農民工實態調査.

계는 공표되고 있음에 비해 농민공들을 대상으로 한 체계적인 급여 통계는 존재하지 않는다. 농민공들의 급여를 대략적으로 파악할 수 있는 유일한 통계는 국가통계국의 '농가가계조사'에 의거한 통계인데, 이것은 피고용자의 자기 신고에 의한 통계라는 한계가 있다.

〈그림 5-1〉은 2000년 이래 농민공 평균 급여의 추이를 나타낸 것이

그림 5-2 **농민공 급여의 도시민 급여 대비 비율**

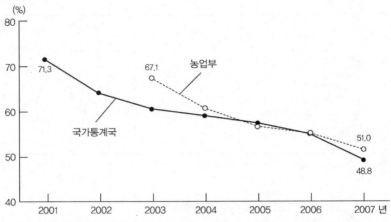

자료: 蔡昉, 『人口與勞動綠皮書(2008)－劉易斯轉折点如何與庫兹涅茨轉折点會合』(社會科學文獻出版社, 2008年).

다. 2002년까지는 평균 급여가 600위안 남짓(1만 원 미만)의 수준에서 소폭 변화를 보이고 있었다. 그러던 것이 － 농민공 정책의 전환에 영향을 받아 － 2003년부터 평균 월급이 크게 상승하기 시작했다. 2007년에 처음으로 1,000위안을 상회했는데 지역별로는 동·중·서부 간에 월급의 큰 격차가 있었다.

농민공 급여는 2003년 이후 전체적으로 상승을 계속했다. 그러나 같은 기간에 도시민 급여 대비 농민공의 급여는 오히려 저하했다. 〈그림 5-2〉는 국가통계국과 농업부가 농민공을 대상으로 실시한 조사로부터 얻은 급여 수준을 도시민과 비교해본 것이다. 국가통계국의 조사에 의하면 2001년에 농민공 급여는 도시민의 70% 정도였는데 그 후 계속 저하하여 2007년에는 절반 수준까지 내려갔다. 농업부의 조사 자료 계열도 거의 비슷한 경향을 보여주었다.

국무원 연구실 과제조(國務院研究室課題組, 2006)에 의하면, 후난성, 쓰촨성, 허난성에서 농민공의 근로시간은 도시민의 근로시간을 50%이나 상회했지만 급여는 역으로 농민공이 도시민의 50% 정도에 머물렀다. 시급으로 환산하면 농민공 급여는 도시민의 1/4 정도밖에 안 되었다.

필자가 2003년에 상하이시에서 실시한 앙케트 조사에 의하면 조사 실시 전월(前月)의 취업 일수가 농민공은 28일, 시 원주민은 22일이었다. 하루 평균 취업시간은 각각 10.7시간, 8.6시간으로 2시간의 차가 있었다. 한편 평균 월수입에서는 각각 1,220위안, 1,500위안으로, 원주민 쪽이 20% 이상 높았다. 월수입을 시급으로 환산하면 농민공과 원주민이 각각 4.6위안, 8.5위안으로, 격차가 더 벌어진다.

만약 농민공과 원주민이 갖고 있는 인적 자본, 예를 들어 학교 교육 연수, 현직 근속 연수 등이 다르다면 다소간의 임금 격차가 있더라도 이상할 것은 없다는 논리가 성립한다. 실제로 농민공과 원주민의 평균 교육 연수는 각각 9년, 12년으로 3년의 차가 있었다. 양자의 근속 연수도 각각 4.5년, 10.5년으로, 배 이상의 차가 있었다.

그런데 상하이시에서 농민공과 원주민의 임금 격차를 전부 양자 간의 인적 자본, 즉 잠재적 능력상의 격차로 환원할 수는 없었다. 필자가 들은 바에 의하면 심지어 국유 대기업에서도 그 지역 원주민의 임금이 농민공보다 40% 정도 더 높게 제도화되어 있었다. 개인의 능력이나 일할 의욕을 불문하고 농민공이란 이유만으로 진입이 가능하지 않는 업종 또는 직종이 미리 설정되어 있는 한, 양자 간의 현저한 임금 격차라는

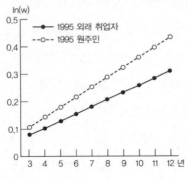

그림 5-3 **교육 연수와 월수입의 관계**
**(다른 조건이 같을 경우의 이론치)**

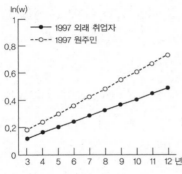

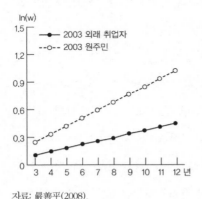

자료: 嚴善平(2008).

결과를 단지 능력 차이에 인한 것이라고 치부할 수는 없을 것이다.

이 가설을 입증하기 위해서는 임금 결정 함수, 즉 개개인의 임금 수준과 각각의 성별, 연령, 교육 연수, 취업경험 등이 갖는 함수 관계를 조사할 필요가 있다. 〈그림 5-3〉은 상하이시 사회과학원 등이 1995년, 1997년, 2003년에 실시한 앙케트 조사를 사용하여 추계한 임금 함수의 결과에 기초하여 작성한 임금 곡선이다. 가로축은 인적 자본의 대리 변수로서의 교육 연수, 세로축은 그 밖의 조건이 같다고 할 때의 교육 연수의 변화에 따른 월수입 수준을 나타낸다. 다시 말해 성별, 연령, 직종 등이 같을 경우 교육 연수의 차이에 따라 월수입에 어느 정도 차이가 나는가에 대한 그림이다.

이 그림에서 읽어낼 수 있듯이 상하이시의 노동시장에서는 ① 같은 연수의 교육을 받은 사람이더라도 그 호적이 상하이시인가 아닌가에 따라 월수입의 격차가 커지고, ② 교육 연수가 늘어나면 외래 취업자와 시 원주민의 임금 격차가 더 크게 벌어지는 경향이 있으며, ③ 시간이 경과함에 따라 양자의 격차가 계속 확대되고 있다. 중졸 정도(9년)에서는 시 원주민 대 농민공의 월수입 배수가 1995년의 1.2에서 1997년의 2.2~2.5로, 그리고 2003년의 4.2로 계속 커졌다. 실제 이 격차는 농민공에 대한 취업 규제에서 유래한, 말하자면 제도적 차별의 정도이기도 하다.

중국의 도시 지역에서는 노동자의 최저임금이 해마다 개정되고 있다. 예를 들면 상하이시에서는 최저임금이 2001년 490위안(월)에서 2008년 960위안(월)으로 인상되었다. 광둥성 주장 삼각주의 도시들에서도 2007년의 최저임금이 500~780위안(월)으로 결정되었다.

2003년 이래 최저임금제도의 적용대상에 도시민뿐 아니라 농민공들도 포함되었다. 또한 최저임금은 법정시간 내 보수만을 대상으로 해야 하고 잔업, 특수 작업, 통근 등에 지급되는 수당이나 사회보험료, 주택적립금 등을 최저임금에 포함시켜서는 안 된다고 규정되어 있다.

그러나 실제로는 많은 농민공이 정부가 규정한 최저임금 이하의 급여밖에 받지 못하고 있다. 일부 도시에서는 농민공이 최저임금제도의 적용대상에서 배제되고 있다. 상하이시에서는 농민공이 최저임금제도가 적용되는 대상으로 되어 있기는 하지만, 농민공들은 유동성이 높아 관리하기가 어렵고 또 그런 실태를 악용하는 업자가 많다. 또한 법정 최저임금 이하의 급여를 지급하는 일이 일어나더라도 그것을 적발하는 경우는 드물다. 그리고 적발된 경우라도 관계자들에 대한 처분이 가볍다.

표 5-2 **농민공의 월급 및 최저임금 이하의 인원 비율**

(단위: 위안/월, %)

|  | 도시 부문 평균 월급(A) | 농민공의 평균 월급(B) | 농민공의 상대월급(B/A) | 최저 임금 | 최저임금 이하의 인원 비율 |
|---|---|---|---|---|---|
| 베이징 | 3,307 | 1,058 | 32.0 | 640 | 6.4 |
| 장쑤 | 1,971 | 1,079 | 54.7 | 492 | 19.0 |
| 저장 | 2,298 | 1,270 | 55.3 | 573 | 8.9 |
| 광둥 | 2,200 | 1,206 | 54.8 | 583 | 5.8 |
| 안후이 | 1,468 | 899 | 61.3 | 469 | 10.0 |
| 장시 | 1,281 | 895 | 69.9 | 461 | 8.9 |
| 허난 | 1,399 | 742 | 53.0 | 464 | 8.3 |
| 후베이 | 1,315 | 884 | 67.2 | 371 | 4.0 |
| 산시(陝西) | 1,387 | 782 | 56.4 | 496 | 26.9 |
| 간쑤 | 1,416 | 622 | 43.9 | 390 | 21.7 |
| 전체 | - | 1,003 | | - | 10.6 |

자료: 蔡昉, 『人口與勞動綠皮書(2008)—劉易斯轉折点如何與庫玆涅茨轉折点會合』(社會科學文獻出版社, 2008年).

결국 저임금 상황이 개선되지 않는 것이다.

〈표 5-2〉는 중국사회과학원 인구경제연구소가 2005년에 전국 10개 성시에서 실시한 앙케트 조사에 의한 것으로, 각 지역에서의 농민공들의 상대 급여 및 최저임금 수준을 밑도는 인원의 비율을 나타낸 것이다. 각지에서 최저임금 이하의 급여를 지급받은 농민공이 전체적으로 10% 정도에 달했는데 지역 간에 차이가 컸다. 장쑤, 산시(陝西), 간수(甘肅)성들에서는 5명 중 1명의 급여가 최저임금 이하였다.

### 임금 체불·미지급의 문제

농민공들에게는 저임금뿐만 아니라 임금 체불이나 미지급 문제도 한때 심각했다. 이 문제가 밖으로 드러난 것은, 2003년 10월에 충칭시 윈

양(雲陽)현에서 농촌 시찰 중이던 원자바오 총리에게 어떤 농민공이 근무처에서 급여를 지급받지 못한 사정을 설명하고 총리에게 문제를 해결해 달라고 호소한 일이 계기가 된 것으로 알려졌다. 이 문제는 농민공이 많이 취업하고 있는 건설업계에서 특히 심각하다. 여러 겹의 청부관계가 형성되는 대규모 건설사업에서 자금 조달이 순조롭지 않을 때 가장 피해를 입기 쉬운 것이 현장에서 작업하는 농민공들이다. 중노동을 강요받으면서도 급여를 제때 지급받지 못하거나 최악의 경우 1년간의 급여를 공사 청부 책임자가 떼어먹고 달아나거나 하는 일을 당하기도 한다. 1년 내내 일하고도 춘절(春節)에 귀성 여비조차 없는 농민공도 많다.

2006년 3월에 우연히 중국중앙TV(CCTV)의 다큐멘터리 〈치자오타오신첸(赤脚討薪錢)〉을 본 적이 있다. 그 개요는 다음과 같다.

2005년에 쓰촨성에서 베이징시로 출관노동하러 온 일단의 농민공들이 공사현장에서 일을 했는데, 근무처의 자금 부족 때문인지 평소에는 생활비 정도의 돈을 지급받았고 급여의 대부분은 연말에 일괄 지급받게 되어 있었다. 그러나 공사를 청부 맡은 책임자가 약속된 지급일 직전에 야반도주해버려 총액 29만 7,000위안의 급여가 미지급 상태로 남게 되었다.

문제는 그 후 행정기관 측의 대응이었다. 고향에 돌아갈 수도 없는 농민공들이 베이징시 노동보장행정 부문, 검찰 등을 돌아다니며 미지급 임금을 돌려받으려 애썼지만 어디에서도 진지한 응대를 받을 수 없었다. 증거가 부족하다거나 한쪽 당사자가 달아나고 없기 때문에 법정은 호소를 수리할 수 없다는 등의 이유에서였다.

사회적 입장이 약한 '약세군체(弱勢群體)'인 농민공들은 본래 법률 지식이 없고 소송을 위한 자금도 없다. 외부 도움이 없다면 문제 해결은 영원히 불가능할 것이다. 다행히 그 무렵에 정부가 농민공 관련 제도개혁을 추진하면서 농민공들의 권익 보호에 나서고 있었다. 매스미디어도 농민공 문제에 관심을 갖고 농민공을 지원하자는 여론 형성에 매진하고 있었다. 그러던 중 변호사들을 중심으로 한 NGO가 설립되었고 농민공을 지원하는 기운이 더욱 높아졌다. 그렇게 다방면의 지원이 가세하여 최종적으로 그 농민공들에게 미지급 급여가 지급되기에 이르렀다고 하는 이야기였다.

실제 2003년부터 2006년까지 농민공에 대한 정부의 통달 등이 25개 내려졌는데 그중에서 임금 미지급에 관한 것이 8개나 되었다. 2006년 2월에 실시된 노동사회보장부의 조사에 의하면 정부의 막대한 노력에도 불구하고 20%의 농민공들은 여전히 급여의 일부 또는 대부분을 지급받지 못하고 있다고 했다.


## 농민공의 생활과 사회보장 문제

국가통계국의 '농가가계조사'에 의하면 2003년에 농민공의 연간 출관 취업일수는 평균 286일(9.5개월)이었고 10개월 이상 출관한 자가 전체의 60%를 차지하고 있었다. 또한 솔가 이촌의 농민공이 전체의 20%을 넘고 있었다. 그리고 2000년의 인구센서스 결과에 의거하여 상하이시 호적을 갖고 있지 않은 타 성시구에서 들어온 유동인구들의 상하이 체재 기간별 구성을 보면, 6개월 미만이 21%, 6개월~1년 미만이 22%, 1~5년 미만이 39%, 5년 이상이 18%였다.

여하튼 1억 3,000만 명 남짓한, 그리고 그 가족들까지를 포함하면 1억 8,000만 명에 달하는 농민 유동인구를 일본 사람들은 '출관노동자'로 표현해왔는데, 사실 이들을 '출관노동자'로 표현하는 것은 맞는 말이 아니다. 이들의 절대 다수는 도시 주민이고, 호적의 전출입이 허용된다면 고향에 돌아가지 않을 사람들이다. 솔가 이촌한 사람은 그러한 생각을 더욱 강하게 가진 사람들에 지나지 않는다. 그런데 이 농민공들은 전술한 저임금에 시달리는 것에 그치지 않고 전체적으로 대단히 참담한 생활을 하고 있다.

## 농민공의 생활

농민공은 도시에서 사용되는 단순 노동력에 불과하고, 그들 중에는 보통의 가정생활이 가능하지 않은 자가 많다. 그들은 2000년 이래 기혼자 비율이 상승하고 있고 자녀를 가진 자도 늘고 있다. 사람이라면 보통 가족과 함께 살지만 농민공에게는 그것이 사치스러운 일이다. 공장에서 일하는 농민공 등은 기업이 제공한 기숙사에서 집단생활을 하는 경우가 많고, 상업·서비스업에 종사하는 자라면 몇 사람이 모여 민가를 빌려 공동생활을 하고 건설업에 종사하는 자는 작업 현장의 간이 숙사에서 숙박하는 경우가 대부분이다. 동일한 도시에 취업하고 있는 젊은 부부라도 함께 살지 못하고, 좁은 숙사, 집단생활, 장시간 취로 등의 이유로 어린 자녀나 늙은 부모를 데려와 가정을 꾸릴 수 없는 농민공이 많다.

필자는 2007년 12월 상하이시 교외에서 농민공에 대한 조사를 하던 중 후난성에서 온 4인 가족을 만난 일이 있다. 20대 자식 부부가 출근한 뒤 50대 여성이 3살배기 손자를 돌보고 있었는데, 그녀에게 부탁하여 그들이 사는 방안을 둘러볼 수 있었다. 10제곱미터 남짓한 방 1개였는데, 한쪽에 놓인 2단 침대가 공간의 절반 이상을 차지하고 있었고 남은 공간에 작은 식탁 1개가 자리 잡았는데, 식탁 위에는 간단한 취사도구와 낡은 TV 한 대가 놓여 있을 뿐이었다. 실로 허술하기 짝이 없는 가정생활이었는데, 농민공의 압도적 다수가 그러한 생활을 강요받고 있는 것이 실정이다.

한편 부모를 따라와 같이 사는 아이들도 여의치 않은 생활을 보내고 있다. 후술하는 학교교육도 그렇지만 공중위생 면에서도 농민공의 자녀들은 대단히 나쁜 환경에 놓여 있다. 상하이시에서는 그 지역 원주(原住) 아동의 99%가 법정 예방접종을 받고 있지만 유동 아동은 겨우 65% 정도에 머물고 있다(國務院硏究室課題組, 2006). 일 때문에 밤낮 없이 바쁜 부모는 자녀를 충분히 돌볼 수 없는 만큼 자녀들끼리 서로 도와 어떻게든 살아가고 있는 상황도 많다. 리타오·리전(李濤·李眞, 2006)이 베이징시 교외 슬럼가에 거주하는 농민공들의 가정생활을 보도한 것과 같이, 부모는 새벽 4시부터 밤 8시까지 베이징시내에서 야채를 팔고 부모 모두 없는 집안에서 10세 소녀가 집안일을 하며 두 명의 어린 동생을 돌보고 있는 것 등은 도시 지역 농민공의 집에서 흔히 볼 수 있는 광경이다.

## 농민공에 대한 사회보장

농민공들은 체재지의 호적을 갖고 있지 않기 때문에 그 지역 원주민들이 누리는 실업, 의료, 산재, 연금 등의 사회복지를 누리지 못하고 있다. 예를 들면 상하이시에서는 호적을 가진 취업자에게 의료보험, 산재보상, 퇴직금 등을 제공하고 있고, 시장화 개혁의 심화에 따라 여러 가지 수당이나 보조금도 제공하기 시작했다.

〈표 5-3〉은 상하이시 정규 부문 종업원들이 받는 급여 및 제 수당 명세서다. 명세서의 주인공은 정부계 연구기관 소속이고 간부직에 있기도 하여 본 급여 외에 본인도 잘 모르는 여러 가지 명목의 수당을 지급받고 있다. 게다가 이 급여표에는 나와 있지 않지만, 직장이 대신 부담하고 있는 주택 적립금, 연금 등도 있다. 이 사람의 양로연금 구좌에는 1만 8,750위안의 적립금이 있는데, 그중 본인이 납부한 것은 6,639위안으로 전체의 36%에 지나지 않는다(2002년 3월 말).

이것에 비교할 때 농민공의 상황은 전혀 다르다. 상하이시에서는 2002년에 들어 가까스로 농민공을 대상으로 하는 종합보장제도가 도입되었다. 산재보상, 의료보험, 양로연금의 세 가지를 통합한 제도로 실업보험은 포함되어 있지 않다(유동인구이기 때문에 실업은 상정할 수 없는 일로 되어 있는 것이다). 어렵고 위험하고 더러운 3D에 종사하는 농민공이 많은 만큼 종합보장제도의 도입은 환영받아야 할 일이기는 하다.

그런데 농민공은 젊은 시절에는 열심히 일할 수 있지만 병이 들거나 나이가 들어 일을 할 수 없게 되면 고향에 돌아가 노후를 자력으로 보내야 한다. 이것이 얼마 전까지 중국에서의 상식이었다. 그러나 2003년의

표 5-3  상하이시 모 연구기관 근무자의 급여 명세(2002년 6월)

| 시(市)의 소정 급여 | | 직장 내 여러 수당 | |
|---|---|---|---|
| 항목 | 위안 | 항목 | 위안 |
| 직무 급여 | 619.0 | 생활 수당 | 40.0 |
| 급여 수당 | 266.0 | 물가보조 수당 | 67.0 |
| 지역조정 수당 | 5.5 | 주택 수당 | 2.0 |
| 직무 수당 | 745.0 | 신문대 등 수당 | 60.0 |
| a 급여 지급 소계 | 1635.5 | '한 자녀' 수당 | 2.5 |
| 양로보험료 | 123.4 | 통근 수당 | 89.8 |
| 주택 적립금 | 116.0 | 院內 수당 | 188.0 |
| 의료보험료 | 41.2 | 공공정립 수당 | 116.0 |
| 실업보험료 | 20.6 | 의료보험 수당 | 42.0 |
| b 급여 공제 소계 | 301.2 | d 수당 지급 소계 | 607.3 |
| c 급여 수취액(a-b) | 1334.3 | 조합비 | 8.2 |
| 지급 총액(a+d) | 2242.8 | 공공적립금 | 116.0 |
| 수취 총액(c+d-e) | 1760.7 | 소득세 | 56.7 |
| 공제의 지급 총액 대비 비율(%) [(b+e)/(a+d)」 | 21.5 | e 수당 공제 소계 | 180.9 |

주: 전년도의 평균 월급이 2,056위안이었는데, 이것이 소득세나 보험료 부과의 기준이 된다.

사스(SARS) 소동으로 도시 안에 있으면서도 도시행정의 진지한 관리 대상이 되지 못했던 농민공들의 공포가 일거에 표면화되었다. 전염병, 유행병 등은 호적과는 무관하게 확산될 수 있다는 것을 뚜렷이 의식하게 되었기 때문이다. 후진타오·원자바오 정권이 발족한 이래 수년 동안 농민공을 위한 사회보장제도의 정비가 서둘러 진행되었는데 그 배경에 이러한 사정도 있었던 것이다.

2003년 10월에 필자가 상하이시에서 실시한 앙케트 조사에 의하면 이 종합보장제도에 가입한 사람은 회답자의 약 10% 정도에 머무르고 있었다. 상업보험에의 가입률은 그보다 더 낮았다. 어떤 종류든 간에 상업보험에 들어 있는 회답자는 6.9%뿐이었다. 자영업이나 영세한 상업·서비스업에서는 원래 보험료의 징수와 관리가 어렵고, 대규모 기업 가운데서도 보험료가 부담스러워 농민공들을 위한 보험 가입을 고의로 기피하는 기업이 많다.

한편, 농민공들도 적극적으로 가입할 의사를 갖고 있지 않다. 의료나 산재는 그렇다 치더라도, 수십 년 후에 지급될 연금을 위해 적은 월급에서 보험료를 떼어 납부한다는 것은 상당한 저항감을 일으킨다. 지금까지의 정책들이 조령모개(朝令暮改)였던 현실을 눈으로 지켜보며 살았던 농민공들이 그러한 심리를 갖는다는 것은 전혀 놀랄 일이 못 된다.

문제는 농민공들이 직면하고 있는 가혹한 현실이다. 국가안전생산감독총국의 통계에 의하면 산재로 상해를 입은 노동자가 매년 70만 명에 달하는데 그 대다수가 농민공이라고 한다. 또한 열악한 노동환경하에 처해 있는 농민공의 대부분은 갖가지 직업병에 걸려 있다(國務院硏究室課題組, 2006). ≪니혼케이자이신문(日本經濟新聞)≫의 보도에 의하면 2005년의 상하이시에서 산재에 의한 사상자의 76%가 농민공들이었다고 한다(2006년 8월 6일 자).

농민공들은 흔히 이런 이야기를 입에 담는다. 산재로 죽어버리면 그것은 다행이다. 그러나 상해로 그친다면 충분한 보상을 받을 수 없어 결과적으로 가족들에게 커다란 부담을 지우고 평생 빈곤에 빠져버린다. 후자 쪽이 더 두렵다는 것이다. 실로 참담한 이야기다.

# 농민공 자녀의 교육 문제

## 농민공 자녀의 교육 문제란?

농민공의 솔가 이촌이 늘고 그 출관 기간이 장기화함에 따라 자녀가 부모와 동행(同行)하는 것도 급증했다. 2000년의 인구센서스에 의하면 14세 미만의 유동인구가 1,980만 명에 달했고 그중 74%가 농업 호적을 가진 자였다. 그중 의무교육을 받아야 할 연령(6~14세)의 아동이 800만 명으로 추계되었다(國務院硏究室課題組, 2006). 이는 2005년의 '1% 인구 표본조사'에 의거한 추계와 거의 같은 수치다(제2장).

그러나 체재지 호적을 갖고 있지 않은 아이들은 제도상의 제약도 있어 공립학교에 들어갈 수 없는 경우가 많다. 그런 상황에서 그리고 가난하더라도 자녀 교육만은 소홀히 하고 싶지 않은 많은 농민공들의 소망을 배경으로 하여, 자신도 농민공인 한 젊은 교사가 중심이 되어 농민공 자녀를 위한 '민공학교(民工學校)'를 세웠다. 당연한 일이지만 교실을 비롯하여 학교로서 필요한 것들이 많이 부족했고 또 교원 자격을 갖추지 못한 교사도 많았다. 그리고 개중에는 돈벌이에 급급한 악질적인 학교 경영자도 섞여 있었다.

이 같은 무질서한 상황을 정리·정돈하기 위해 그 지역의 교육기관들이 나서서, 그리고 때로는 거리 경관을 해친다는 이유로 경찰들까지 출동하여, 민공학교들을 일제히 철거하는 일마저 벌어지기도 했다. 그런 식으로 공립학교에도 다닐 수 없고 민간 학교에도 다닐 수 없었던 것이다. 그러나 한편으로 「의무교육법」[1]에 따라 아이들은 중학교 졸업 시까지 교육을 받지 않으면 안 되고 행정기관은 서비스를 제공할 의무가 있다. 농민공 자녀의 교육 문제는 그러한 모순이 격화되는 도중에 표면화된 것이다.

1998년 3월에 국가교육위원회와 공안부는 「유동 아동의 취학에 관한 잠정 변법(弁法)」을 제정하여, 호적이 없더라도 고향에 보호자가 없는 등의 요건을 충족할 경우 체재지 공립학교에 재적비(在籍費)를 내고 입학할 수 있게 했고, 또 필요에 따라 사영 민공학교 설립을 가능하게 했다.

그런데 이 「잠정 변법」도 중국의 많은 법규나 통달과 마찬가지로 "각 지역은 그곳의 실정에 맞게 구체적인 시행세칙을 만들어도 무방하다"는 한 구절이 마지막에 덧붙여져 있다. 결국 베이징, 상하이, 광둥 등 농민공이 많은 지역에서는 농민공의 수입으로 감당하기 어려운 고액의 재적비가 설정되었고 행정으로부터는 일체의 보조도 없으면서, 민공학교의 시설과 교원에 대해 엄격한 자격심사가 행해지기도 했다.

상하이 사회과학원이 2003년에 실시한 유동인구 자녀의 학교교육에 관한 앙케트 조사에 의하면, 조사대상자 1,228명 가운데 자녀를 학교에 보내고 있는 경우가 95.2%로 그 비율이 아주 높았다. 그 가운데 50.6%

---

1  1986년에 제정·시행된 「의무교육법」에 의하면 국민은 소·중학교의 의무교육을 받아야만 한다. 그러나 농촌 지역에서는 교육비나 교사가 부족하여 많은 아이가 소정의 교육을 받을 수 없다는 문제가 대두되었다. 이 법이 대폭 수정된 2006년 이후 교육비 무료화가 실현됨으로써 도시·농촌을 불문하고 의무교육의 본래의 모습이 나타나는 중에 있다.

가 (근교 농촌에 있는) 공립학교에, 4.5%가 보통의 사립학교에, 그리고 44.9%가 민공학교에 보내고 있었다(周海旺·張鶴年, 2003).

이상으로 알 수 있듯이 장사에 성공한 일부 농민공은 자녀를 도시 지역의 공립학교에 보내고 있지만 상당수의 농민공은 자녀를 변변치 못한 민공학교에 보내지 않으면 안 된다. 게다가 이들 민공학교 중에는 법정 요건을 갖추지 못한 곳도 많아 언제 단속 대상이 될지 몰라 날마다 마음을 졸이며 운영하는 곳도 적지 않다(李濤·李眞, 2006).

### 민공학교의 실태: 베이징과 상하이의 경우

필자는 2001년 7월 베이징시 교외의 한 민공학교를 시찰한 적이 있다. 관계자의 소개에 의하면 2001년 초 베이징시구(市區)와 인접한 근교 농촌들을 중심으로 110여 개의 소학교가 설립되었다. 학교 규모는 수 명에서 최대 2,000명까지 다양했는데, 그 다수는 도시와 농촌이 만나는 곳에 분포되어 있다. 이 학교들에 대해서는 재정적 지원이 전혀 없었기 때문에 부지도 좁고 교실도 변변치 못한 것이 많았다.

필자가 견학한 학교는 해외에서 자금 원조를 받아 규모가 비교적 크고 지명도도 높은 곳이었으나 아이들은 어둡고 환기가 안 되는 교실에서 억지로 참고 공부하고 있는 모습이었다. 교원들도 모두 농촌에서 출관노동하러 나온 사람들이어서 대부분 교원 면허도 교육 경험도 없는 사람들인 것 같았다. 그 후 이 학교도 행정당국의 단속을 피할 수 없었다는 이야기를 전해 들었다(李濤·李眞, 2006).

필자는 또 2003년 2월에 상하이시 푸둥신(浦東新)구에 있는 '잉차이

(英才)소학'이라는 민공학교를 조사한 일이 있다. 농민공 자녀의 교육 문제가 사회적으로 논의되고 그에 대한 행정당국의 대응도 크게 달라진 후의 이야기인데, 아직도 문제의 본질은 달라지지 않았다는 것을 그 조사로 확인할 수 있었다. 당시 조사 기록의 일부를 소개하겠다.

'잉차이소학'은 교외 소재 폐교된 공립 소학교 교사(校舍)를 연간 7만 위안에 임대하여 운영되고 있다. 한 자녀 정책의 영향으로 상하이시 농촌 지역에도 소자화(少子化)가 진행되어 많은 소학교가 소정 학생 수를 채울 수 없게 되었다. 거기에다 향촌(鄕村) 합병, 소학교 합병이라는 개혁도 있어 농촌 지역의 많은 소학교가 폐교되기에 이르렀다. 그것을 이용하여 민공학교를 만드는 사례가 근래 연해 지역 농촌에서 늘고 있다.

창설자는 27세의 여성 민공이고, 교장은 안후이성 서우(壽)현에서 교장을 지낸 교육관계자다. 1999년에 개교한 이 소학교의 재학생은 750명인데, 그 출신지 구성은 안후이 40%, 쓰촨 40%, 기타(장쑤, 저장, 푸젠, 허난 등) 20%인 것으로 파악된다(조사 시점). 학생들은 주변의 이 촌, 저 촌에서 출관노동자인 부모와 함께 살고 있다.

교원 27명의 구성은 남성이 13명, 여성이 14명인데 그 다수가 안후이성 출신(11명)이고 상하이시 출신은 단 2명이다. 교원들의 연령은 30~40세로, 대부분 사범학교를 나왔고 교원 면허를 갖고 있다. 이들은 거의 대부분 학교에서 사는데 미혼자가 절반 정도다.

학교 운영 경비는 모두 자력으로 조달된다. 교재비와 잡비는 한 학기에 350위안으로 연간 700위안이 된다. 학생의 일부는 학교에서 점심을 먹고 있는데, 식비가 월간 50위안이고, 멀리 사는 학생은 학교의 대절

버스를 이용한다(방과시). 한 학기에 100위안으로 연간 200위안이 된다.

교원들의 월급은 900~1,000위안 정도인데, 그 내역을 보면 기본급이 600위안, 교무 주임 180위안, 보도원(補導員) 120위안, 교장 보좌 187위안, 안전관리 50위안, 위생 50위안, 보너스 50위안이다.

학기, 수업 횟수, 교재 등에 대해서는 국가교육위원회의 교육 대강을 따르고 있거니와, 이 학교는 안후이성 셔우(壽)현의 교육위원회로부터도 인가를 받았다. 농민공 자제는 보호자들이 바쁘기 때문에 그 지역 출신의 학생들만큼 부모로부터 돌봄을 받을 수 없고 또 학교 설비나 교원의 소질 면에서도 지역 학교들과의 차가 크다. 그런 만큼 교육의 질에서도 많은 문제가 있다.

대다수의 학생은 소학교 졸업 후 부모의 고향에 있는 중학교에 진학하고 있지만 상하이시 소재 중학교에 진학하는 자도 늘고 있다. 상하이시 정부는 중학교 설립에 소극적인 태도를 보이고 있는데, 교장은 만약 허가만 난다면 경영상 어떠한 문제도 없다고 했다.

이상과 같은 농민공 자녀의 교육 문제를 해결하기 위해 2003년 10월에 국무원 변공청(辨公廳)이 「농민공 자녀의 의무교육에 관한 의견」을 발포, 유동 아동의 교육 문제는 주로 체재지 행정당국의 책임하에 해결할 것과 유동 아동은 기본적으로 그곳 공립학교에 입학할 수 있도록 할 것의 두 가지를 강조했다.

이 같은 일련의 정책 시행에 따라 농민공 자녀의 교육 문제가 어느 정도 해결되고 있다. 그러나 호적의 차별이 존재하고 중학교 진학이 어려우며, 또 중학교를 졸업했다 하더라도 그 후에는 호적등록지의 고교로 돌아가야 하는 등의 문제들이 있다. 그리고 고교에서 사용하는 교재가 지역마다 다른데, 대학입시는 기본적으로 호적등록지의 교재를 기초로 하여 실시되고 합격 여부도 호적등록지의 정원 틀 안에서 결정된다. 예를 들면 안후이성의 호적을 가진 학생은 상하이시에서 고교까지 다녔다 하더라도 대학입시는 안후이성에서 치르지 않으면 안 된다. 그리고 입시의 정원수도 크고 내용도 비교적 쉬운 상하이시의 교재를 공부한 것만으로는 안후이성의 시험에서 높은 점수를 받아서 중점대학에 합격할 수 없는 위험성도 있다. 이렇게 호적의 차이가 취직 등에서 차별을 낳을 뿐만 아니라 대학입시에서도 차별을 낳고 있는 것이다. 이것이 농민공 자녀의 교육에 커다란 영향을 미치고 있다.


## 농민공의 인권 문제

여러 번 이야기했듯이 농민공은 농업 호적을 갖고 있으면서 도시 지역에서 일하는 비농업 취업자를 가리킨다. 농민도 아니고 노동자도 아닌 이 특수한 신분이 원인이 되어 이들은 당연히 누려야 할 많은 권리를 박탈당하거나 제한당하고 있다.

### 노조 가입에 대한 제한
먼저 농민공의 노동조합 참여가 제한되고 있는 것을 지적하고 싶다. 도시 지역의 대기업 등에서 일하는 농민공들은 기존의 노동조합[2]에 가입할 수 없을 뿐만 아니라 제2의 노동조합을 만드는 것도 허용되지 않는 경우가 많다. 중국의 「노동조합법」 규정에 의하면, 국내 기업 등에서 일하는 임금 소득을 주된 생활수단으로 하는 모든 육체 또는 두뇌 노동자는 민족, 종족, 성별, 종교, 교육을 불문하고 노동조합에 가입하거나 노동조합을 결성할 권리를 갖는다.

그러나 노동사회보장부가 2004년 4월에 전국 40개 도시를 대상으로 실시한 조사에 의하면, 고용자와 노동계약을 맺은 농민공은 전체의 겨우 12.5%에 지나지 않았다(國務院研究室課題組, 2006). 2003년에 실시된 상하이시의 취업조사에서는 직장에 노조가 있다고 답한 농민공이 겨우 7.9%(1,500명 중 118명)였다. 그중 노조에 가입하지 않은 자가 71.2%(노조가 있다고 응답한 자 가운데 84명)였고, 후자 가운데 노조에 가입할 의사가 있으나 허용되지 않은 자의 비율이 61.9%(52명)에 달했다. 그에 비해 그 지역 원주민들의 경우 근무처에 노조가 있다고 응답한 자가 74%, 실제로 가입해 있다고 응답한 자가 90%였다. 농민공과 지역 원주민은 서로 다른 권리를 보장받고 있었다.

원래 농민공들은 조직 내에서 정규 구성원으로 인지되고 있지 않다.

---

2  노동조합을 중국에서는 공회(工會, 공후이)라 부른다. 「공회법(工會法)」(1992)의 규정에 의하면, 25명 이상의 기업 또는 사업장이면 조합을 결성할 수 있다. 중국의 공회는 노동자의 이익을 대변하고 그 권리를 옹호하는 공산당 공인의 조직이고 전국총공회를 정점으로 하는 피라미드형 계통조직으로 되어 있다. 그러나 실제로는 공회 조직들이 관료화되어 이제 "공회에 자신의 존속과 이익 추구보다 더 큰 일은 없다"는 야유를 받을 정도로 그 성질이 변질되었다.

그렇기 때문에 이들은 저임금, 중노동을 강요받더라도 또는 급여를 제때 받지 못하고 있더라도 자신의 의사를 조직을 통해 표명하기 어렵다. 농민공들은 국민 대우를 받지 못하고 있다고 말해도 과언이 아니다.

### 강제 송환 등에 의한 인권 침해

1985년 7월에 공안부는 「도시 잠주인구의 관리에 관한 규정」을 공포했다. 이 규정은 취업 목적으로 1개월 이상 현외에 거주하는 유동인구는 현주지의 공안기관에 잠주등록(暫住登錄)할 것과 발급된 잠주증 또는 기주증(寄住證)을 반드시 휴대할 것을 요구했다. 같은 해 9월에는 「거민신분증조례(居民身分證條例)」가 공포·시행되었다. 이 조례는 16세 이상의 모든 공민은 주민신분증을 신청할 것과 외출 시에는 그것을 휴대할 것을 의무화했다. 이는 유동인구가 늘어나 기존의 공안에 의한 호적 관리만으로는 대응이 어렵게 된 사정에 대비하기 위한 것이었다.

그런데 1990년대 중엽부터 농민공을 중심으로 한 유동인구가 계속 늘어났다. 그러한 유동인구의 존재를 전제하지 않았던 도시 지역에서는 수도, 교통, 주택, 위생, 교육 등 모든 면에서 패닉 상태에 빠져들었다. 그리고 그러한 문제들을 누그러뜨리기 위해 농민공 일부를 도시에서 추방하려는 움직임이 강화되었다.

국무원이 1982년에 제정한 「부랑자 수용송환조례」가 그러한 움직임에 이용되었다. 주민신분증, 잠주증,[3] 재직증의 어느 하나를 휴대하지

---

3  주민신분증은 개인의 신분을 증명하는 명함 크기의 카드로서 1985년에 도입된

않은 이른바 '3무(無) 인원'이 역 등에서 발견되면 공안경찰이 그들을 강제로 수용하여 민정기관에 이관한다. 그러면 그 '3무 인원'을 민정 부문이 고향으로 강제 송환하는 것이었다. 일부에서는 계획생육증(計劃生育證)[4]을 갖고 있지 않을 경우 불법체재자로 체포되는 일도 있었다. 요컨대 필요할 경우 어떤 이유로든 불법체재의 구실이 만들어질 수 있었다.

처음에는 신중하게 행해졌던 수용·송환이었지만 시간이 흐름에 따라 그것을 악용하는 상황이 전국 각지에서 벌어졌다. 베이징, 상하이, 광저우(廣州) 등 농민공이 밀집된 도시 지역에서는 국경절이나 큰 행사가 있을 때마다 구직하러 시내를 돌아다니는 농민공들을 '3무 인원'으로 분류하여 강제적으로 수용·송환하거나 했다. 그럴 때 사용된 가장 유효한 방법이 경찰에 의한 신분증명증 검사였다. 소정 증명증의 하나라도 휴대하지 않았다면 그 자리에서 구속되었다. 때로는 제시된 증명증을 경찰이 고의로 파괴하고 '3무 인원'으로 만들어 수용하는 일까지 벌어졌다.

필자가 1998년 2월 상하이역 주변에서 농민공 관련 조사를 하다가 우연히 농민공들이 공안파출소 한쪽에 수용되어 있는 사태를 목격한 일이 있다. 널빤지로 칸막이된 장롱 같은 곳에 여러 명이 갇혀 있으면서 물을 달라, 밥을 달라고 비명을 질러대고 있었다. 경찰에게 그 내역을

---

것이다. 16세 이상의 중국인은 원칙적으로 신분증 휴대가 의무화되어 호텔에서의 숙박 등에 그 제시와 등기가 필요하다. 또한 잠주증은 호적등록지를 떠나 타지역에 3개월 이상 거주하는 유동인구에게 발행되는 것인데, 신청하지 않는 자가 많다.

4  국가의 한 자녀 정책에 따르고 있다는 증명서를 말함. ― 옮긴이

물으니 "3무 인원들로서 강제송환을 기다리고 있다"는 것이었다.

광둥성 산터우(汕頭)시라는 경제특별구에서 1996년에 공포된 「3무 인원을 단호하게 정리하는 통고」를 보면, 거지 등의 부랑자, 장애인뿐만 아니고 정당한 직업이나 안정된 수입원이 없는 사람, 외형이 추한 사람도 수용의 대상으로 하고 있었다.

심지어 수용·송환은 구실에 지나지 않고 농민공들을 체포하여 벌금을 매기는 돈벌이 활동이 주된 목적이 되고 있는 곳도 많았다. 후난성에서 있었던 어떤 사건의 경우 공안파출소와 수용기관이 공모하여 역 주변에서 '3무 인원 사냥 작전'을 전개했다. 체포된 사람들은 벌금을 내기만 하면 즉시 석방되었고 그렇게 해서 번 돈은 관계자 간에 분배해 가졌던 것으로 보도되었다(≪三湘都市報≫, 2003년 6월 10일 자).

같은 종류의 사건 가운데 가장 널리 알려진 것이 대학 졸업생 쑨즈강(孫志剛) 폭행치사 사건이다(≪新聞週刊≫, 2003년 6일 16일 자). 2003년 3월에 대학을 갓 졸업한 쑨즈강이 광저우시의 기업에 취직했다. 하루는 신분증명증을 휴대하지 않은 채 외출했는데 시내에서 경찰의 불심검문을 받았다. 쑨즈강은 합법적인 증명증을 소지하지 않았다는 이유로 그대로 연행되었다. 대학 졸업에 직장도 갖고 있었던 쑨즈강은 경찰의 위압에 겁을 먹지 않고 얼마간 말대꾸를 했다. 이것이 경찰과 수용소 직원들의 반감을 사 죽음에 이르도록 폭행을 당했다. 쑨즈강이 결국 내출혈 등으로 사망하자 관계기관 사이에 책임 회피의 은폐공작이 행해졌는데, ≪남방주말(南方週末)≫, ≪중국청년보(中國青年報)≫ 등의 보도에 힘입어 마침내 상부로부터의 조사가 들어와 사건의 진상이 밝혀졌다.

쑨즈강은 농민공이 아니다. 그러나 그의 사건을 계기로 농민공의 강제 수용·송환에 의한 인권침해 문제가 표면화되었다. 법학자들은 2000년 7월에 만들어진 「입법법(立法法)」을 무기로 하여 1982년의 「수용송환조례」의 폐지를 전인대(全人代)에 호소했다. 그들은 공민의 정치적 권리를 박탈하거나 인신의 자유를 제한하는 강제적 조치나 처벌은 법률이 정하는 바에 의해야 한다는 헌법 규정을 근거로 「수용송환조례」가 상위법 규정을 일탈했다고 지적했다.

2003년 8월에 국무원은 1982년의 「수용송환조례」를 폐지했고 「부랑자 구조 관리 변법(弁法)」을 공표했다. 그 두 달 전에 1985년에 제정된 「거민신분증조례」도 「거민신분증법」에 의해 대체되었다. 이 새 법규들은 신분증은 유일한 합법적 증명재료로서 경찰도 그것을 마음대로 검문할 수 없다는 내용을 담고 있었다. 그리고 부랑자의 수용·송환 업무를 주로 담당하는 행정기관을 공안에서 민정으로 이관시켰다. 그 이후 이런 종류의 농민공에 대한 인권 침해는 대부분 개선되었다.

## 결어

2006년의 「농민공 문제 40조」의 공포가 상징하듯이 상술한 대표적인 농민공 문제들은 근년 들어 정도의 차이가 있기는 하나 대부분 개선되고 있는 것이 사실이다. 2008년부터 발효된 「노동계약법」의 적용 대상이 농민공을 포함한 모든 노동자로 되어 있는 것, 충칭시를 비롯한 일부 도시 지역에서는 농민공이 현주지 거민위원회 또는 촌민위원회 선거에 참가할 권리가 인정되었다는 것, 각 지방 또는 전국 인민대표대회의 대표단에 농민공들에게도 (작지만 일정 몫이 ─ 옮긴이) 할당되고 있는 것 등은 그것의 표현이라 하겠다.

「노동계약법」은 2007년의 전인대에서 채택된 새 법률로서, 각 조문들 가운데 농민공이란 문언이 들어가 있는 것은 아니다. 그저 일하는 사람들의 기본권 등이 '노동자'라는 표현으로 상세히 규정되어 있다. 그런데 법률 공포 후 매스미디어들이 이 법률이 농민공들에게는 어떻게 적용되는가에 대해 큰 관심을 갖고 보도하기 시작했고 그에 따라 기업 경영자도 신경을 곤두세우게 되었다. 이는 민공황(출관노동자의 부족)을 우려하는 목소리가 커진 것에 영향을 받은 측면도 있고 또 「취업촉진법」에 "농민공을 차별해서는 안 된다"라고 명기되어 있는 것에서도 영향을 받았을 것이다.

농민공이 많은 광둥성이나 내륙의 충칭시에서는 2007년부터 농민공들을 지방 인민대표대회의 대표로 선출하여 그들의 목소리를 정치의 표면 무대에 반영시키기 위한 제도를 도입했다. 그리고 2008년 3월에 개최된 전국인민대표대회에 사상 처음으로 3명의 농민공 대표가 출석했다. 그들은 농민공의 대변자로서 농민공들이 직면하고 있는 문제들을 국회의 장에서 토의하면서 개선책들을 강력히 호소했다. 돌이켜보면 호적등록지의 고향을 떠남으로써 촌민위원회의 선거권을 사실상 상실한 농민공이 1억 3,000만 명에 달하는데, 현주지의 호적이 없는 그들은 거민위원회의 선거권도, 근무처 노동조합에의 가입권도 허용되지 않는

'소리 없는 존재'들이었다. 그러한 그들에게 인민대표의 좌석이 배정된 것이다. 물론 그 좌석 수가 아직 극소수에 그치고는 있으나 권리의 존재를 인정받기 시작했다는 것에서 의미를 찾아야 할 것이다. 그것은 이제 농민공도 국민의 일원이라는 너무나 당연한 상황으로의 이행을 위한 커다란 한 걸음에 해당되기 때문이다.

물론 중국의 농민이나 농민공이 도시민과 똑같은 권리를 얻기 위해서는 호적제도 등의 개선을 일층 대담하게 밀어붙여야 한다. 그것은 다소의 시간을 요하는 것이지만 강력한 리더십만 있다면 충분히 실현 가능한 일이다. 베이징, 상하이 등의 대도시에 적용되고 있던 취업·거주·교육에 관한 수많은 농민공들에게 차별적인 조례 및 관리 규정들이 후진타오·원자바오 정권이 발족한 2005년 무렵 단기간에 거의 모두 폐지되었던 사실이 이를 말해준다.

# 제6장

# 중국 경제는 루이스의 전환점을 넘어섰을까?
## 농민공 부족의 사회경제적 배경

1990년대 이래 중국에서는 시장경제화와 국제화가 가속되면서 대규모의 인구이동이 일어났다. 연해 도시 지역을 중심으로 자본주의적 기업이 급증했고, 그에 따라 늘어난 노동 수요에 부응하여 내륙 농촌 지역을 중심으로 무한으로 게다가 극단적인 저임금으로 노동력이 끝없이 공급되었다. 연평균 10%에 가까운 고성장과 세계의 공장이라고 불리는 오늘날 중국 경제의 실력은 바로 이 풍부하고 값싼 노동력이 있어 실현 가능했다고 말할 수 있다.

그런데 2004년에 광둥성 등에서 처음으로 노동력의 공급 부족이 나타났다. 이른바 '민공황'[1] 현상이다. 그 이후 최저임금의 인상, 임금의

---

1  기업들이 구하는 노동력을 충분히 모집하지 못하게 된 현상으로 2004년 5월 19일 ≪신화시보(新華時報)≫는 주장 삼각주, 창장 삼각주에 농민공이 부족하다는 것을 처음 보도하여 각 방면에 충격을 주었다. 같은 해 8월 노동사회보장부는 농민공의 수급에 관한 실태조사를 했는데, 농민공에 대한 제도적 차별의 심

대폭적 상승 등이 이루어짐으로써 이제 중국 경제는 전체적으로 노동 과잉에서 노동 부족으로의 전환점을 지나간 것이 아닌가 하는 지적들이 있었다. 중국사회과학원 인구노동경제연구소의 차이팡(蔡昉) 소장을 중심으로 한 일부 연구자들은 노동의 공급에 제약을 받기 시작한 중국 경제는 금후 산업구조의 고도화 정책이나 고용정책의 조정을 필요로 한다고 주장했다(蔡昉, 2007). 일본에서도 중국에서의 실질 임금의 상승을 근거로 고도성장을 지탱해온 농촌의 과잉 노동력이 고갈되어 이중경제구조가 이미 해소되었다는 견해도 있다(≪日本經濟新聞≫, 2006년 10월 9일자). 만약 이 판단이 맞다면 중국 경제에서의 기술적 선택은 금후 노동집약에서 자본과 기술집약으로 방향을 전환하지 않으면 안 될 것이다.

그러나 반대의 의견이나 신중한 견해를 나타내는 연구자도 많다. 예를 들면 오스트레일리아 국립대학의 멍신(Meng, Xin)은 중국 산업구조의 저위성(低位性), 호적 등에 의한 차별적 고용정책의 존속, '3농 정책(三農政策)' 시행에 따른 노동 공급 가격의 폭등 등을 이유로 노동 공급의 감소는 주로 제도 환경의 변화에서 유래한 것으로서 중국 경제가 전체적으로 루이스의 전환점을 넘어섰다고 말할 수는 없다고 주장했다(Meng, 2007). 또한 다지마 도시오(田島俊雄)는 농가 노동력의 공급 가격이 상승한 사실에 주목하여 실질임금의 상승이 반드시 루이스의 전환점을 통과했다는 것을 의미하지는 않는다고 지적했다(田島俊雄, 2008). 이

---

화와 그것에 기인하는 저임금과 저복지가 공급 부족을 초래한 주원인이라고 결론지었다.

러한 연구 성과들에 입각하여 생각한다면 중국 경제에서의 기술적 선택의 방향을 크게 조정하는 것(노동집약에서 자본·기술집약으로의 전환)은 시기상조라 할 것이다.

도대체 어느 쪽 판단이 바른 것일까? 루이스의 이중경제론에 의하면 한 나라의 경제가 전환점을 통과했는지를 판단하기 위해서는 전통적인 농업 부문의 한계노동생산성[2]과 근대적 비농업 부문의 임금이 일치하는가를 계량적으로 실증분석할 필요가 있다. 이 작업은 대단히 번잡하고 어려운 작업이다. 일본 경제의 전환점에 관한 미나미 료신(南亮進)의 연구에서는 경제의 제반 측면을 실증적으로 분석하여 전환점이 도달한 시기를 특정했다(南亮進, 1970). 그것에 비추어 본다면 중국 경제의 전환점 논쟁은 현재로서는 상당히 조잡하다고 말할 수밖에 없다.

중국 경제는 앞으로 어떠한 방향으로 나아가야 하는가? 적절한 경제 발전 전략 또는 산업정책은 무엇인가? 이러한 질문들에 대한 과학적인 답을 발견하는 것은 중국 경제의 지속적 성장을 위해서뿐만 아니라 일본의 중장기적인 대중(對中) 경제 관계를 고려하는 데도 중요하다.

이 장에서는 중국 경제가 전체적으로는 여전히 노동 과잉 단계에 있다는 것, 그리고 근년의 '민공황'은 주로 노동 수급의 쌍방을 둘러싼 제도 환경의 변화, 인구의 연령구조 및 산업구조상의 변화, 기존 노동관행

---

2  경제학에서는, 노동자 1인당 생산량을 노동생산성으로 부른다. 유사한 개념으로 토지생산성, 자본생산성이 있다. 한계노동생산성은 노동력 1단위를 추가 투입하는 것에 의해 늘어난 생산량의 증가분을 의미한다.

등에 기인한 것임을 밝힌다. 이하에서는 먼저 이중경제론의 요지를 서술할 것이고, 그것을 토대로 노동의 공급과 수요, 양 측면에서 '민공황'의 배경을 분석할 것이다.


## 전환점의 도래를 어떻게 포착할 것인가?

### 이중경제이론의 요지

루이스(W. Arthur Lewis)가 1954년에 제기했고 페이(John C. H. Fei)와 라니스(Gustav Ranis)가 1964년의 저서에서 체계화한 이중구조하의 경제발전론은 개발경제학의 중요한 한 분야를 이룬다(Lewis, 1954; Fei and Ranis, 1964). 노동력이 무제한적으로 공급 가능한 개발도상경제에서의 농공(農工) 간 노동 이동, 비농업 부문의 임금 결정, 자본 축적과 경제성장의 관계 등의 분석에 루이스의 이중경제론은 유효한 분석도구로 널리 사용되어왔다. 이 이론의 요지를 다음과 같이 요약할 수 있을 것이다.

즉, 전통적 농업을 중심으로 한 농촌 지역에는 과잉 노동력이 퇴적하여 농업 부문의 한계노동생산성이 극히 낮거나 심지어 영(0)으로 떨어지기도 한다. 그 때문에 근대적 공업 등을 주된 산업으로 하는 도시 지역에서는 영리기업들이 생존 수준의 임금으로 필요한 노동력을 마음대로 고용할 수 있다. 저임금 체제하에 획득한 많은 이윤이 계속 확대 투자되고 그에 따라 경제가 급성장하고 고용기회도 증가하며 또한 농촌에서 도시로의 노동력 이동도 가속화된다.

그러나 이러한 상황이 영속되는 것은 아니다. 농촌의 과잉 노동력이 어느 시점에 고갈되고 농업의 한계노동생산성도 영에서 차차 증가하여 급기야 비농업 부문의 임금 수준까지 상승한다. 이 단계에 이르면 도시 노동시장에서의 노동력의 수급관계가 공급자 측에 유리하게 변하여 이른바 판매자 시장이 출현한다. 기업들은 노동력을 확보하기 위해 임금을 인상해주지 않으면 안 된다. 그 결과 임금 상승이 자본분배율의 저하를 가져와 이윤율 저하 → 기업 저축 감소 → 투자 감속(減速)의 메커니즘이 작동하게 되고 결국 경제 고성장이 종언을 맞게 된다. 노동력이 과잉에서 부족으로, 또는 임금이 생존 수준에서 한계노동생산성 수준으로 전환하는 시점은 이중경제로부터 신고전파 경제학이 말하는 시장경제로 전환하는 시점이다.

## 이중경제에서 전환 여부를 판단하는 기준

루이스의 이중경제론에서는 노동력의 과잉 여부 또는 경제가 전환점에 도달했는지를 판단하는 기준이 농업 부문의 한계노동생산성이 비농업 부문의 임금 수준과 같아졌는지의 여부이다. 그리고 만약 농업 부문의 한계노동생산성이 제로 또는 대단히 낮은 수준에 있다면 비농업 부문의 임금은 인간이 살아가는 데 필요불가결한 수준, 즉 이른바 '생존임금'이어야 한다. 여기에는 두 가지 중요 논점이 포함되어 있다. 하나는 농업 부문의 한계노동생산성을 어떻게 계측할 것인가, 또 하나는 생존임금을 어떻게 정의할 것인가이다.

그런데 중국 경제의 전환점을 둘러싼 논쟁에서는 그러한 관점이 거의 빠져 있다. 도시 지역의 실질임금이 상승하고 있는 것을 근거로 중국 경제가 루이스의 전환점을 통과했다고 보는 사람이 있는가 하면 정부가 정하는 최저임금이나 농민공의 급여가 상승한 것을 전환점 통과의 근거로 보는 신문보도도 있었다. 전환점 논쟁을 제기하여 각광을 받았던 차이팡 등의 저서(蔡昉, 2007)에서는 농가의 과잉 노동력이 그 지역의 비농업 부문과 출관노동으로 반반씩 이동한다고 가정한 다음 새로 공급 가능한 노동력을 어림잡아보았다. 그 결과를 보면 중국의 농촌에서 노동력의 총량은 여전히 과잉이지만 구조적으로는 이미 부족 상태가 형성되었고 청년층에서는 출관노동의 예비군이 거의 남아 있지 않다고 하는 실로 단순한 내용이었다.

확실히 중국의 실질임금은 1990년대 후반 이래 상승 속도를 높여왔다(〈그림 6-1〉). 최저임금도 계속 인상되었다. 그러나 전환점 통과설이 근거로 삼은 실질임금의 상승은 개혁개방 이래 일관되게 관찰되어온 현상인데다 이 통계는 비농업 호적의 이른바 정규취업자[3]를 대상으로 하고 있고 농민공은 포함시키지 않았다. 최저임금제도도 원래는 비농업 호적의 도시 주민들에게 적용되는 것이고 농민공들과는 관련성이 희박한 것이다.

게다가 더 중요한 것은 이중경제론의 기초라고 할 생존임금에 관한

---

3  원어에서는 이를 직공(職工, 즈공)이라 부른다. 국가통계국이 공표하는 취업 및 임금에 관한 통계에서는 직공에 농촌 지역 비농(非農)기업(향진기업), 사영기업, 자영업 등의 종업원을 포함시키지 않고 있다. 비정규 고용이 많은 농민공의 임금 등은 이 통계에 반영되고 있지 않은 것으로 생각된다.

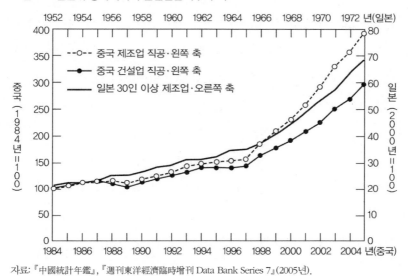

그림 6-1 **일본과 중국에서의 실질임금지수 추이**

1952 1954 1956 1958 1960 1962 1964 1966 1968 1970 1972 년(일본)

- --○-- 중국 제조업 직공·왼쪽 축
- ─●─ 중국 건설업 직공·왼쪽 축
- ── 일본 30인 이상 제조업·오른쪽 축

중국(1984년=100)

일본(2000년=100)

1984 1986 1988 1990 1992 1994 1996 1998 2000 2002 2004 년(중국)

자료: 『中國統計年鑑』, 『週刊東洋經濟臨時增刊 Data Bank Series 7』(2005년).

논의가 전혀 없다는 것이다. 미나미 료신(南亮進, 1970)이 언급했듯이 생존임금은 인간이 생리적 영양(榮養)을 섭취하기 위한 수입뿐만 아니라 사회의 일원으로서 주변의 소비 수준으로부터 영향을 받으면서 자신의 소비 수준(또는 표준)을 올려갈 수 있는 것이어야 한다. 즉, 그 수준(또는 표준)은 사람들의 강한 욕구를 반영하여 사회경제의 진보와 함께 상승하는 것이다. 사람은 주변 사람들의 수입이 늘고 그 생활수준이 크게 상승하는 것을 보고 자신도 기본적인 의식(衣食) 외에 가전제품이나 레저, 자녀에게 좋은 교육을 시키고 싶은 욕구 등 좀 더 고차원적인 욕구들을 갖게 된다.

이러한 사고는 루이스의 이론 모형이 상정한 것과는 다른 것이지만 좀 더 현실성 높은 발상이다. 그것을 무시하고 임금수준이 조금이라도 올라갔으니 국민경제가 이중구조에서 벗어났다고 지적한다면 그것은 바른 지적이라 할 수 없다. 일본 경제의 전환점은 1960년대 초였던 것으로 알려져 있는데, 그 전후의 제조업 실질임금 추이는 중국의 1984~2005년의 그것과 극히 유사하다(〈그림 6-1〉). 실질임금의 움직임만으로는 이중구조의 전환 여부를 판단할 수 없는 것이다.

덧붙여 말한다면, 일본 경제가 전환점을 통과할 무렵(1960년대 초)의 경제구조를 보면 제1차산업이 국내 총생산 및 총 취업자에서 각각 차지한 비율이 10%, 25%로 2005년 중국의 12.5%, 44.7%보다 낮았다. 특히 제1차산업 취업자 비율에서의 격차가 눈에 두드러진다.


## '민공황'의 배경: 노동의 공급 측면


전술한 대로 2004년 이른 봄 광둥성 주장 삼각주에서 기업이 필요로 하는 인원을 모집하지 못한다고 하는 이른바 '민공황' 현상이 부상했다. 그것을 계기로 루이스의 전환점 논쟁이 국내외에서 활발해지기 시작했는데, 그중 많은 논의가 공급 측면에서의 세 가지 상황 변화를 간과하고 있었다. 전 인구의 연령구조상 특성, 대학진학률의 급상승, '3농 정책' 시행에 따른 농가 소득의 증가 즉, 노동 공급 가격의 상승이 그것이다.

## 그림 6-2 중국의 인구피라미드

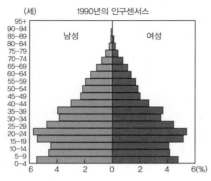

(세)　1990년의 인구센서스

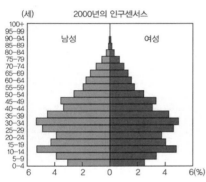

(세)　2000년의 인구센서스

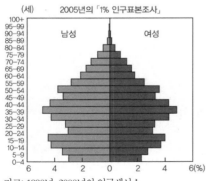

(세)　2005년의 「1% 인구표본조사」

자료: 1990년, 2000년의 인구센서스.
2005년의 '1% 인구표본조사'.

## 인구의 연령구조상 변화에 의한 영향

먼저 인구센서스의 집계 자료를 사용하여 연령계층별 인구 비율을 나타내는 인구피라미드를 그려보겠다. 〈그림 6-2〉는 1990년과 2000년의 인구센서스, 2005년의 '1% 인구표본조사' 결과들을 나타낸 것이다.

중국의 '한 자녀 정책'은 1979년에 개시된 것이지만 만혼·만육(晩育)·소자화(少子化)라는 출산제한정책은 이미 1970년대 들어 시행되기 시작했다. 그것을 반영하여 1970년대 이래 출생률이나 인구증가율이 서서히 저하되고 있었다.

1990년의 인구피라미드로 알 수 있듯이 1976년 이후 10년 동안에 태어난 인구(5~14세)가 급격히 감소했다. 그 연령층은 10년이 지난 2000년에

15~24세의 노동력 인구로 성장하는데, 그 이전의 10년 동안(1966~ 1975년)에 태어난 사람들보다 약 5,000만 명이나 적다(1990년의 인구센서 스). 그러한 연령구조상의 변화가 2004년의 '민공황'을 야기한 요인의 하나라고 생각된다.

실제로 2005년의 '1% 인구표본조사' 결과로 알 수 있듯이 이 연령층에 이어지는 10~19세의 인구 비율은 — 라이프사이클의 영향도 있어서 — 30~44세의 그것과 큰 차이가 나지 않는다. 이 사람들이 노동력이 되어 노동시장에 참입하는 2020년까지 사이에는 노동 공급의 총량이 이전과 거의 같은 수준이 될 것으로 보인다. 중국에서 노동력 공급상의 제약이 구조적으로 발생하는 것은 2020년 이후가 될 것이다. 그때까지의 남은 시간 동안 산업구조상의 전환을 추진하고 노동력 공급상의 제약을 극복하기 위한 대책들을 잘 수립·시행한다면 큰 문제는 미연에 방지할 수 있을 것이다.

### 대학 등 고등교육의 대약진

둘째로, 대학 등의 진학률이 급상승했고 청년들이 노동시장에 진입하는 시기가 이전보다 몇 년 정도 늦춰졌다는 것, 그뿐만 아니라 농민공들이 일하는 하층 노동시장에 그들이 공급되는 양이 감소했다는 것도 '민공황' 문제를 생각하는 데 중요한 사실들이다. 〈그림 6-3〉은 1992년 이후 대학 등 고등교육기관에 재학하는 학생 수 및 진학률 추이를 나타낸 것이다. 각종 고등교육을 받는 재학생 수가 1998년까지 220만~340만 명에서 안정세를 보이고 있다가 1999년 이후 증가 속도를 높이더니

그림 6-3 **재학생 수 및 진학률 추이**

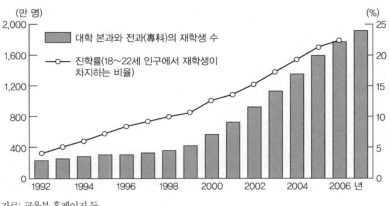

자료: 교육부 홈페이지 등.

급기야 2007년에 1,885만 명에 이르렀다. 겨우 10년이 채 못 되는 시간 동안에 재학생 수가 8배로 늘었고 18~22세 인구에서 그들이 차지하는 비율(진학률)도 4%에서 23%로 상승했다. 고등교육의 대약진이라고 말해야 할 현상이다.

1999년부터 중국 정부는 대대적인 대학 개혁에 착수했다. 기존 대학들의 정원을 대폭 늘리고 단과대학을 대학으로 승격시켰으며 사립대학 설치를 완화하는 등 고등교육의 양적 확대를 추진했다. 그리고 교육 내용도 엘리트 양성에서 대중 교육으로 방향을 전환했다. 국민들의 평균 소득수준에 비해 지나치게 높은 수업료 등 교육비 부담(2007년경에 수업료, 기숙사비, 생활비 등을 포함하여 학생 1인당 연간 1만여 위안이 필요)도 근년 들어 여러 가지 장학금 제도의 설립으로 부분적으로는 경감되었다. 중·서부 농촌 출신이더라도 나라의 장학금이나 학자금 대출을 받아

고등교육을 받는 것이 가능하게 되었다. 중졸, 고졸의 젊은이들은 이전처럼 졸업 후 바로 노동시장에 들어가지 않고 상급 학교에 진학하려 하고 있으며 부모도 하나나 둘밖에 없는 자식의 출세를 바라는 마음에 그들의 진학 희망을 전면 지원해주고 있다.

대학 등 고등교육기관에 진학한 자 가운데 농촌 출신자가 전체의 몇 퍼센트를 차지하는가에 대한 전국적 통계는 찾아볼 수 없다. 필자가 장시성의 3개 대학에서 실시한 앙케트 조사 결과에 의하면 2007년 10월에 재학생의 54%가 농촌 출신자였고 65%가 농업 호적자였다〔난창대학(南昌大學), 장난농업대학(江南農業大學), 지우장학원(九江學院)에서 무작위로 추출한 1,500명을 대상으로 한 조사〕. 만약 전국의 재학생이 거의 같은 상황이라 한다면 같은 해 재학생 1,885만 명 가운데 1,018만 명이 농촌 출신자라고 볼 수 있다. 그리고 1999년부터 2007년까지 사이에 순증한 재학생 1,544만 명 가운데 대략 830만 명이 농촌 출신자인 것으로 추계된다. 만약 이 기간 동안의 대학 개혁이 없었다면 이 사람들의 상당 부분은 필시 노동자로서 노동시장에 참입했을 것이다. 그런 의미에서, 고등교육의 비약적 발전이 결과적으로 하층 노동시장에 공급상의 제약을 강화시켰다는 것이다.

그런데 진학률의 급상승에 수반하여, 대학을 나왔어도 안정된 직장을 구하지 못하고 프리터(freeter: free와 arbeiter의 합성어 ― 옮긴이) 등 비정규 취업을 감내하고 있는 대졸자가 많아졌다. 새로 대학을 졸업한 자의 취직률이 전체적으로 70% 정도(2007년)밖에 되지 않고, 지방대학 졸업생이라면 그 대부분이 졸업 시 정규 취업 기회를 얻지 못하고 있다.

2007년경부터는 고등교육을 마친 대졸자도 농민공들이 일하는 하층 노동시장에 참입하기 시작했고 농민공들과 별로 다를 바 없는 급여로 취업하지 않을 수 없다고 하는 현상이 늘고 있다. 예를 들면 ≪광주(廣州)일보≫의 보도에 의하면 노동시장에서 대학을 갓 졸업한 자의 초임이 월 1,000~2,000위안 정도밖에 되지 않아 농민공의 그것과 큰 차이가 나지 않았다(2007년 3월 27일 자). 결국 고등교육의 급성장으로 하층 노동시장에 대한 노동 공급이 일시적으로 감소했으나 중장기적으로 보면 이것도 노동 제약을 강화하는 결정적 요인이 될 수는 없다.

### '3농 정책'의 시행에 따른 농가 소득의 상승

셋째로, 2004년 이후 시행된 '3농 정책'에 의해 농가 수입이 계속 늘어났다(〈그림 6-4〉). 이것도 농가의 취업 행동에 큰 영향을 미쳤다고 생각된다. 도시 임금과 농업 수입 간의 격차가 크기 때문에 농촌 노동력이 밖으로 빠져나갔던 만큼 그 격차가 축소된다면 출관노동의 유인력이 약화될 것이고 따라서 당연히 농촌으로부터의 노동력 공급이 감소될 것이었다. 특히 지적되어야 할 것은 2000년대 이래 노동 공급의 주체였던 '한 자녀 세대'의 취로 의식이 변화한 것이다. 그들은 기대임금 수준이 높고 기존의 여러 제도적 차별에 민감하다. 고용, 임금 등에서 가혹한 호적 차별이 존속하는 상황에서는 그들의 출관노동에 대한 의욕이 감퇴할 것이다.

후진타오·원자바오 정권이 발족한 것은 2003년 3월의 제10회 전인대 이후다. 후진타오·원자바오 정권은 1990년대 후반에 심각해진 농민층

그림 6-4 **농가 순수입의 신장률**

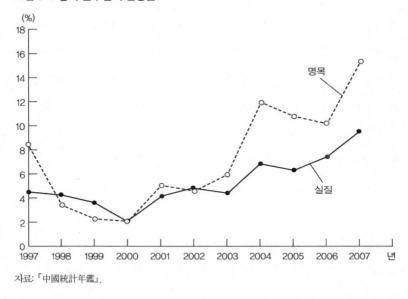

자료: 『中國統計年鑑』.

의 저소득, 농업의 낮은 노동생산성, 농촌의 황폐화의 '3농 문제'를 해결하기 위해 '3농'과 관련된 여섯 개의 정책문서를 5년 연속 '중앙 1호 문건'[4]으로 발포했다. 식량생산 농가에 대한 직접 지불 제도의 도입, 농민의 무거운 부담이 된 여러 가지 명목의 과징금이나 농업세의 폐지, 중졸까지 9년간의 의무교육비 무료화, 신형 농촌합작 의료제도의 구축 및 그

---

4  중국에서는 각종 정책문서가 공산당 중앙과 국무원의 연명으로 발포되지만, 연초의 제1호는 통상 '중앙 1호 문건'으로 불리며 중앙에서 가장 중요시하는 과제를 정하는 경우가 많다. 1982년부터 1986년까지의 중앙 1호 문건은 전부 농민, 농업, 농촌과 관련된 것이었다. 그러나 그 후 17년 동안에 이런 적은 한 번도 없었다.

에 수반된 중앙재정의 투입 증가 등이 이 '3농 정책'을 구체화한 대표적인 시책들이었다. 〈그림 6-4〉로 알 수 있듯이 2004년 이후 4년 동안에 농가 소득이 명목과 실질 모두 높은 신장을 계속했다. 이것은 그 이전 7년 동안의 저율(低率) 증가와 대조적인 움직임이었다. 농업 소득의 증가가 출관노동의 매력을 퇴색시켰고 출관노동자 증가에 마이너스 효과를 가져왔음은 틀림없는 사실이다.


## '민공황'의 배경: 노동의 수요 측면

### '농민공' 정책의 전환과 최저임금

2004년부터 2008년 초까지의 수년 동안에 연안 도시 지역에서 최저임금이 해마다 인상되었다. 많은 기업에서 노동자를 확보하기 위해 정부가 정한 최저임금을 크게 상회하는 임금을 지불했다. 이 현상을 보고 중국 경제가 루이스의 전환점을 넘어섰다는 지적이 많았다. 예를 들면 ≪니혼케이자이신문≫은 루이스의 전환점이란 학술용어를 사용하여 중국의 노동력 부족을 전했다(2008년 8월 14일 자).

근래 상하이시의 최저임금을 나타낸 〈그림 6-5〉와 같이 최저임금이 계속 상승하고 있는 것은 확실하다. 2001년부터 2008년까지의 7년 동안 최저임금이 96%나 상승했다. 광둥성 등의 연해 도시들에서도 거의 같은 경향을 볼 수 있다. 광저우시와 선전(深圳)시의 최저임금은 2008년에 각각 860위안(월)과 1,000위안(월)이었다.

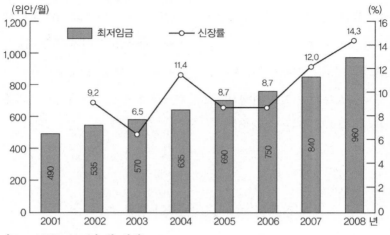

그림 6-5 **상하이시의 최저임금과 신장률**

자료: ≪文匯報≫(2006년 8월 9일 자).

　그런데 최저임금의 신장률을 가계소득의 그것과 비교해 보면 양자가 거의 같은 페이스로 변화하고 있음을 알 수 있다. 2001~2007년의 6년 동안에 전국 도시 및 농촌 세대의 평균수입(가처분소득 또는 순수입)은 각각 100%, 75% 증가했다. 상하이 시민들의 평균수입도 각각 81%, 75% 증가했다(모두 명목가치). 최저임금의 인상은 노동력 수급 상황상의 변화에 의한 것이라기보다는 전체 소득수준의 상승에서 강한 영향을 받았다고 보아야 할 것이다.

　또한 최저임금이란 것은 말할 필요 없이 법정 취로시간 중 일할 때의 최저보수라서 거기에 잔업수당 등은 포함되지 않는다. 따라서 실제 노동자가 수취하는 월급은 주장 삼각주에서는 1,000위안을 상회하는 경우가 많다. 결국 무슨 말인가 하면 근년의 최저임금 인상이나 '농민공' 임금의 인상은 노동 공급상의 부족과도 관련이 있을 것이나 좀 더 중요한 이유는 농민공 정책의 전환에 있고 또한 사회 전체의 생활수준이 향상되고 있는 것의 영향인 것이다.

최저임금 제도를 비롯하여 여러 가지 사회복지정책들은 원래 비농업호적의 도시 주민들을 위해 만들어진 것이다. 농민공들이 도시에 들어가 공장 등에서 일하더라도 그러한 정책의 혜택을 받기는 어려웠다. 그리고 자영업이나 가족노동이 많은 농민공들에게 그러한 제도들은 거의 의미가 없었다.

그런데 최근 수년간 '조화사회'[5]의 실현을 위해 여러 가지로 노력하고 있는 후진타오·원자바오 정권하에서 농민공에 대한 지금까지의 차별 대우를 바로잡고 도시민의 취업, 임금 등에 관한 정책들을 농민공에게도 똑같이 적용해야 한다는 방침이 수립되었다(제3장). 그리하여 최저임금 제도와 무관한 존재였던 농민공들이 각 지역의 최저임금을 보장받게 되었을 뿐 아니라 기본급이나 잔업수당 및 산재·의료·실업보험, 연금 같은 정규직 도시민들이 누려왔던 제반 복지에서도 도시민과의 격차가 축소되어가고 있다. 그 결과로 실현된 임금 인상은 제도적 차별 속에 형성된 지나친 저임금에 대한 반동을 내포하고 있는 것이거니와, 그것을 반드시 노동력의 수급난에 귀착시킬 일은 아닌 것이다.

---

5 '조화사회'를 중국어로는 '화해사회(和諧社會)'라 하는데, 이것이 처음 제기된 것은 2002년의 제16회 당대회에서였다. 화해사회란 민주와 법치, 공평과 정의, 성실과 우애, 인간과 자연의 조화 같은 특징들을 갖춘 사회인데, 후진타오·원자바오 정권의 인간본위론을 여실히 반영하고 있다고 하겠다.

2000년 이래 노동 이동의 패턴은 단신에서 세대로 변화하고 있다(제3장). 그 때문에 일하는 자의 필요 생활비는 본인뿐만 아니라 가족을 살릴 수 있을 만큼의 수입이 되어야 했다. 루이스의 생존임금은 이러한 변화까지를 고려하여야 할 것이다.

요컨대 근년의 급속한 임금 인상 현상은 노동 공급상의 구조 변화와 무관하지는 않지만 농민공 정책의 전환으로부터 더 큰 영향을 받았다고 보아야 한다. 정책 전환을 하지 않을 수 없었던 배경에 노동 공급의 상대적 부족이 있는 것도 사실이지만 저간의 급속한 임금인상을 루이스의 이중경제론이 생각하는 것 같은 노동 공급의 절대적 부족에 의해 일어난 결과라고 할 수는 없다.

## 3차산업의 급성장에 다른 노동 배치상의 변화

'민공황' 이야기가 터져 나왔을 때 가장 관심을 끈 것은 생산라인에서 일하는 제조·가공업의 현장 작업자 또는 단순 노동자들의 부족이었다. 그런데 그 배경의 하나로 3차산업의 급성장에 따른 노동자 쟁탈전의 격화라는 상황이 있었는데, 지금까지의 논의에서는 이것이 거의 언급되지 않았다.

〈그림 6-6〉은 1995년 이후 10년 동안의 주요 업종별 취업자 구성의 변화를 나타낸 것이다. 농림수산업에서 일하는 취업자 비율이 같은 기간에 7.5포인트 내려갔음에 비해 제조업, 건설업, 교통·운수 또는 도매·음식업의 취업자 비율은 모두 상승하고 있다. 그런데 각각의 증가 폭은 대단히 다르다. 예를 들면 제조업에서는 10년 동안에 1.7포인트 상승에

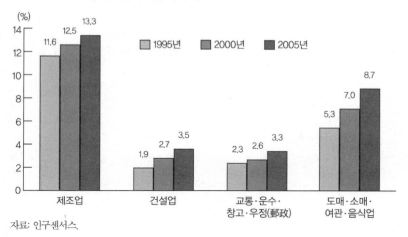

그림 6-6 **주요 업종별 취업자 비율의 변화**

자료: 인구센서스.

그쳤으나 도매·소매·여관·음식업에서는 그 배에 해당되는 3.4포인트 상승했다. 양자의 신장률을 보면 같은 기간 중 각각 53%, 118%로, 큰 차이를 볼 수 있다.

산업별 취업 구조상의 변화는 실로 큰 의미를 갖는다. 흔히 지적되는 바대로 중국 경제가 안고 있는 큰 문제의 하나로서 소득 격차의 확대가 있다. 경제가 급성장하는 가운데 부유한 계층의 소득이 증대되었고 그 총인구도 확대되었다. 이 사람들은 오늘날 물질적 소비를 충분히 누리고 있는바, 많은 자금을 서비스 소비에 사용하고 있다. 가사노동을 가정부에게 맡기고 외식, 여행, 마사지 또는 가라오케로 대표되는 오락 따위에 높은 관심을 보이고 있다. 격차 사회를 배경으로 서비스산업이 그렇게 비대화함에 따라 많은 젊은이들, 그중에서도 젊은 여성들이 제조업 등이 아니라 3차산업으로 진출했다.

중국에서는 종래 뒤떨어져 있었던 서비스산업의 성장·확대가 나쁜 것은 아니다. 문제는 그것이 소득 격차의 확대에 의해 지탱되고 있다는 것이고, 가진 자가 누리고 못 가진 자가 봉사한다는 사회 구도가 고정화되고 있다는 데 있다.

## 중·서부 경제 발전에 따른 노동 수요의 확대

1990년대 중반 이후 중앙 정부는 막대한 재정을 투입하여 중·서부의 경제 개발[6]을 추진해왔다. 그것과 함께 2001년부터 시행된 호적제도 개혁의 영향도 있어, 지방의 현성(縣城)이나 향진 정부의 소재지로 호적을 옮겨 비농업의 일에 종사하는 그 주변 농촌 출신자가 확실히 늘어나고 있다. 그것이 결과적으로 연해 도시 지역으로 출관 나가는 젊은 층의 감소로 연결되었다.

〈그림 6-7〉은 인구센서스 등으로 파악한 취업자의 거주지역별 구성상의 변화를 나타낸 것이다. 2000년부터 2005년까지의 5년 동안에 농촌 지역에 거주하는 취업자 비율이 8.8% 저하했는데, 그중 4%나 되는 부분이 현성이나 진으로 이동했다. 그것은 도시로 간 4.8%와 큰 차가 없는 수치다. 변화율로 본다면 진으로 이동한 자의 증가율이 38%로, 도시로 이동한 자의 증가율 27%를 크게 상회했다. 이는 지방 경제가 발전하

---

6  서부 대개발은 1990년대 초부터 추진되기 시작한 국가 프로젝트로서 중앙 정부의 재정 투입에 의해 서부 지역의 철도, 도로, 공항 등의 인프라를 정비하는 한편 그 지역의 생태환경 개선, 천연자원의 개발·이용 등도 목표로 한 것이었다. 연해부와의 경제 격차를 시정한다는 가장 중요한 정책 과제라고 할 수 있다.

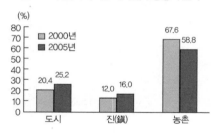

그림 6-7 **취업자의 거주지역별 구성상의 변화**

(%)

자료: 〈그림 6-6〉과 같음.

고 그것에 수반하여 고용기회가 확대된 것의 결과일 것이다.

그런데 진으로 이주한 사람들이 모두 완전취업 상태에 있는가 하면 그렇지 않다. 필자가 농촌 조사차 각 지역을 돌던 때 얻은 실감인데, 현성을 비롯하여 향진 정부 소재지의 도회들에는 특별히 하는 일 없는 젊은이들이 도처에 있었다. 그것을 보고 잉여 노동력이 이미 고갈되었다는 주장에 위화감을 느끼지 않을 수 없었다. 어쩌면 농촌을 싫어하는 젊은 층의 일부는 임금이 기대만큼 높지 않고 여러 가지 차별이·엄연히 존재하는 연해 도시들을 꺼려해 지방 도회에서 장사라도 하면서 촌에서 청부받은 농지에 대한 정부 보조금을 받으며 마음 편하게 지내고 있는 것이 아닌가 하는 생각이 들었다.

물론 그것도 당사자가 주어진 조건에서 취한 합리적 행동일 것이다. 그 자체는 좋은 것도 나쁜 것도 아니지만, 지역 경제의 성장 및 그에 따라 노동력의 공간적 분포가 달라진 것이 연해부에서의 노동력 공급 부족을 야기했을 것이라는 사실을 지적하고 싶은 것이다.

### 쓰고 버리는 고용 관행의 폐해

주지하다시피 대외개방으로부터 30년이 경과한 오늘날에도 주장 삼각주에는 노동집약형 조립공장들이 많이 있다. 많은 기업의 경우 작업에 필요한 기능이 그다지 높지 않았고 노동자들은 강한 체력에 손재주가 있으며 집중력이 있고 참을성만 있다면 그것으로 충분했던 것이다. 저렴한 노동력이 무제한으로 공급되었던 2000년대 초까지는 생산라인의 작업자들을 몇 년 주기로 새로운 사람들로 갈아치움으로써 생산 효율의 유지를 꾀하는 고용 관행이 형성되어 있었다. 그리하여 농민공들을 쓰고 버리는 식으로 이용한 결과 개개인의 기술 향상이나 숙련공으로서 가져야 할 경험, 즉 인적 자본의 축적이 적었다. 매스컴이나 학계에서 떠들어댄 '민공황'이란 것이 실은 노동 인구의 양적 부족이라기보다 인적 자본의 축적이 충분히 이뤄지지 않은 데서 발생한 것이 아닐까 생각된다.

〈그림 6-8〉은 위의 생각을 지지해주는 인구센서스 결과이다. 가로축은 5세에서 64세까지의 각 연령층, 세로축은 각 연령층의 잠주이동인구가 2000년부터 5년을 경과한 시점에도 그대로 남아 있는 인구의 비율〔2005년의 연령계층별 인구수를 2000년의 하나 윗쪽 연령층의 인구수로 나눈값으로, 여기서는 이를 보류율(步留率)이라 부른다〕을 나타낸다. 보류율이 100을 상회할 경우 그것은 같은 기간에 이 연령층에 들어온 잠주이동인구가 퇴출한 자들보다 많다는 것을 의미하고, 반대로 100을 하회할 경우 그것은 퇴출자가 진입자보다 많다는 것을 의미한다.

국가통계국에 의하면 2000년부터 2005년까지의 5년 동안에 호적의 전출입을 하지 않고 다른 지역에서 6개월 이상 거주한 잠주이동인구(그 80% 이상이 농업 호적자)의 총수는 1억 4,439만 명에서 1억 4,735만 명으로 겨우 296만 명밖에 늘어나지 않았다. 이것은 1990년대 후반부의

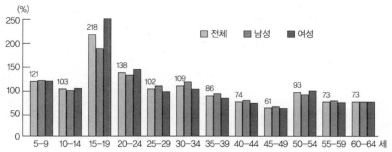

그림 6-8  **성별·연령계층별 잠주이동인구의 보류율(2000~2005년)**

주: 2000년의 인구센서스 집계 자료로 잠주이동인구의 연령 분포가 2005년과 동일하다는 가정하에 연령계층별 인구수를 추정했고 나아가 보류율을 산출했음.
자료: 2000년 인구센서스. 2005년 '1% 인구표본조사' 재구성.

8,422만 명 증가와는 비교가 되지 않을 정도로 작은 수치다. 그러나 이 것은 어디까지나 총인원수의 변화 상황이고 세대 간에 일어난 격렬한 교체를 보여주는 것은 아니다. 〈그림 6-8〉이 보여주듯이 15~19세와 20~24세에 많은 인구가 진입해 들어온 한편으로 30세 이상 인구의 다수 는 호적등록지로 귀환하여 노동시장으로부터 퇴출되었다. 구체적으로 말하면 30대 전반부의 잠주이동인구의 14%, 후반부의 26% 및 40대 전 반부의 39%가 2000년 이후 5년 동안에 노동시장에서 퇴출되었다. 그리 고 30대부터 50대까지의 퇴출자 총수는 같은 기간 중 1,525만 명(남녀가 거의 같음)에 달했다.

다만 40대 후반부 이상에서는 보류율이 약간 높아지고 있다. 이를 볼 때 30대부터 40대 전반부까지의 사람들이 비교적 많이 노동시장에서 퇴 출된 것은 결혼이나 육아, 부모의 개호 같은 라이프 사이클과 관계가 있 는지도 모른다.

잠주이동인구의 연령 구조가 불변이라고 가정하고 추계한 것이기 때문에 약간의 오차가 존재할 것으로 보이지만, 쓰고 버리는 식의 고용 관행이 정착되어 있다는 사실을 인구통계로 파악할 수 있었다는 것은 의미 있는 일이다. 인적 자본의 축적에 도움이 되도록 고용제도를 정비하거나 노동력 부족을 경감 또는 해소시키기 위해서는 이 같은 사실을 충분히 인식할 필요가 있다.

## 결어

이 장에서는 루이스의 이중경제론의 요지를 정리했고, 중국 경제 전체가 전환점을 통과했는가를 판단하는 기준에 대해 약간의 검토를 가했다. 그리고 그것에 입각하여 실질임금이 상승하고 있는 것을 근거로 중국 경제가 전체적으로 루이스의 전환점을 넘어섰다고 하는 일부의 주장이 반드시 옳은 것은 아니라고 지적했다.

그리고 근년 들어 연해 도시들에서 일어나고 있는 민공황, 즉 노동력 부족의 사회경제적 배경을 둘러싸고 통계자료에 근거해 노동력의 수요와 공급의 양 측면을 분석해보았다. 이를 통해 알 수 있었던 것을 대략 다음과 같이 정리해볼 수 있겠다. 즉, 민공황이 인구 연령구조상의 특성이나 대학 등의 진학률 증가에서 큰 영향을 받았다는 것은 틀림없는 사실이다. 그러나 그러한 요인의 영향은 주기적 또는 단기적인 것일 가능성이 크다. 또한 '3농 정책'에 의해 농가 소득이 증가한 것이 농가인구의 출관 행동을 억제한 점도 있었다. 당연한 일이지만 도시의 임금이 더 인상된다면 출관노동으로 향하는 농가인구 역시 증가할 것이다.

한편 노동의 수요 측면에서도 주목할 만한 변화가 있었다. 농민공의 취업이나 임금 등에 관한 정책들이 전환되어 이제는 그들이 종래 마땅히 받아야 할 수준의 급여나 복지를 받아가고 있다. 이것은 민공황이 일어났기 때문이라기보다 중앙정부가 '친민(親民) 정책'을 채택한 데 따른 귀결이다. 그리고 제3차산업의 성장·확대와 지방 경제의 발전이 연해 지역과 제조업을 향하는 농가 인구의 이동에 얼마간의 제동을 걸었다는 사실도 간과되어서는 안 된다. 게다가 가장 주의를 기울여야 할 것은 쓰고 버리는 식의 고용 관행이 이제 한계에 도달했다는 점이다.

이상의 분석 결과에 입각한다면 앞으로 중국은 어떠한 정책 과제를 설정하고 씨름해야 할까? 필자로서는 적어도 다음 네 가지를 들 수 있다.

첫째로 고용, 임금, 복지 등에서 호적 차별을 없애기 위한 노력을 더욱 강화할 필요가 있다. 고도성장이 이어지고 도시민들의 생활수준이 계속 향상되고 있는 터에 농민공들에게만 생존임금 수준에서 참고 견디라고 하는 것은 도리에 맞지 않는다. 농민공 역시 국민으로서 도시민과 똑같은 권리를 갖는다는 것을 인정한다면 호적과 같은 전근대적인 신분제로써 농촌 출신자를 차별하는 것은 이제 더 이상 허용될 수 없는 일이다.

둘째로 쓰고 버리는 식의 고용 관행에서 탈피하고 인적 자본의 형성에 힘을 쏟아야 한다. 그럼으로써 노동시장에서의 수급의 불균형을 감소시켜야 한다. 「노동계약법」에는 농민공에 대한 권리 보장이 명기되어 있으나 그것을 실행에 옮기는 것은 노동 행정의 일이다. 지금까지 충

분한 직업훈련을 받지 못해왔던 사람들에 대한 연수제도의 확충도 노동
부족 해소를 위한 중요한 시책이 될 수 있을 것이다. 지금의 중국에서
중요한 것은 노동의 양적 부족이 아니라 그동안 질적인 면에서의 축적
이 적었다는 것이기 때문이다.

셋째로, 노동집약형 산업을 육성·성장시켜야 하고 농촌의 과잉 노동
력을 해소하고 농가 소득을 향상시키는 데 도움이 될 정책들을 계속 채
택해야 한다. 그와 동시에 값싸고 풍부한 노동력을 지렛대로 하여 펼쳐
온 외자 이용 전략에 대해 급격하고 대폭적인 변경을 서두를 필요는 없
다. 실제로 2007년에 들어 국제 경제 추세의 영향도 작용하여, 주장 삼
각주 등에서 일자리를 구하지 못하는 현상이 대두했었다.

넷째로 농가의 젊은이들이 농촌에서 모습을 감춰가고 있는 상황에서
어떻게 농업 생산력을 유지·중강시켜갈 것인가 하는 것이 무시할 수 없
는 긴요한 정책 과제가 되었다. '중앙 1호 문건' 2008년 판과 2009년 판
에 농업 인프라에 대한 재정 투입을 강화하여 농업의 발전과 농가 수입
의 중대를 실현하자는 방침이 제시되었으니 이제 어느 정도의 농업 예
산을 확보할 수 있는가가 쟁점이 되었다고 하겠다.

중국 경제 전체가 루이스의 전환점을 넘어섰는가에 대해 통계자료에
근거한 엄밀한 검증이 필요하다는 것은 말할 나위 없는 일이다. 그러나
근년의 민공황이나 최저임금 인상은 분명 그 '전환점'과는 관계가 없을
것이다. 민공황은 좀 더 복잡한 사회경제적 배경을 갖고 있다. 따라서
그것을 상세히 분석하지 않을 경우 잘못된 진단을 내릴 위험성이 있다.

농민공들에게는 전환점을 통과했느냐의 여부는 별 의미가 없는 이야

기다. 그들은 자신의 취업, 임금, 주거, 자녀 교육 등이 어떻게 되느냐와 같은 절실한 문제들에 대해서 훨씬 큰 관심을 기울이고 있다. 결국 지금까지 억압되어온 농민공 한 사람, 한 사람의 생존 상황을 어떻게 하면 신속히 개선할 수 있는가에 모든 정책이 귀착된다고 하겠다.

# 결론

　공업화를 원동력으로 하는 근대 경제의 발전은 농업 취업자 비율의 저하와 도시인구 비율의 상승을 그 내용으로 하는 도시화를 촉진시킨다. 그 과정에서 공업화의 속도와 도시화의 속도가 매치가 되면 도시 실업자가 지나치게 많이 발생하지 않고 조화가 잡힌 시민사회가 형성되어간다. 그럴 경우 농업 또는 농촌에 퇴적하는 잉여 노동력이 비농업 고용의 확대와 더불어 서서히 도시로 이동한다. 잉여 노동력이 소멸하는 때는 전통적인 농촌과 근대적인 도시, 또는 후진적 농업과 선진적 공업으로 구성되는 이중구조가 소실되는 때이기도 하다. 이것은 일본을 포함한 동아시아 각 지역의 근대화 과정에서 보편적으로 관측되는 현상이었다.

　한편 동남아시아 등 많은 개도국에서는 농지제도의 영향도 있어서 도시가 흡수할 수 있는 능력을 훨씬 상회하는 규모의 인구·노동력이 농촌에서 도시로 흘러들어 간다. 근대적 산업에 종사하는 사람들이 적지 않게 존재하기는 하나, 저임금, 소규모, 불안정, 저기술 등을 특징으로 하는 비공식 부문에서 일하는 빈곤층의 규모가 크게 팽창한다. 이들은 주로 도시 주변의 슬럼에 거주하여 도시 사회가 왕왕 다중화된 구조를 형성한다. 그리하여 사회 전체가 자유, 공정, 기본권 보장 같은 이념을 공유하는 시민사회와 거리가 먼 상태에 있게 된다. 개발경제학에서는 그러한 현상을 과잉도시화라 부른다.

중국에서는 특히 계획경제 시기에 공업화의 진전에 비해 도시화의 속도가 현저하게 완만했다. 예를 들면 1980년대 초에 공업 총생산이 국내 총생산의 40%를 점했는데 당시 도시인구의 총인구 대비 비율은 그 절반인 20%에 지나지 않았다. 중공업화 우선의 경제 발전 전략이 채택되어 농촌에서 도시로의 인구이동이 엄격한 제한을 받았던 것이 그 직접적 원인이었다. 농촌과 도시가 눈에 보이지 않는 호적제도에 의해 분단되었고, 경제에 한하지 않고 사회, 문화 등 모든 분야에서 도시와 농촌, '시민'과 '농민'으로 구성되는 이중구조가 만들어졌다. 개혁개방 이후 특히 최근의 근 20년 동안 이러한 이중구조를 무너뜨리고 공업화와 도시화의 동시 진행을 실현하자는 것이 많은 중국인이 추구하는 목표였다.

1990년대 중엽까지는 향진기업(鄉鎭企業)을 발전시키고 중국적 특색이 있는 농촌도시화(農村都市化)를 실현하자는 것이 중국의 기본적인 국책이었다. 그러나 그 후의 시장화, 국제화에 따라 농촌에서 도시로 농민 대이동이 전개되었고, 그 결과 호적에 의해 구축된 무형의 벽이 의외로 쉽게 무너졌다. 그러면서 급기야 루이스가 묘사한 도상국의 이중구조(제6장), 그리고 이중구조하에서의 노동 이동과 경제성장의 메커니즘 같은 것이 중국에서도 작동하게 되었다. 즉, 잉여 노동력을 무한히 공급할 수 있는 상황 → 저임금 → 고이윤 → 고저축률 → 고투자율 → 고도성장 → 비용의 증가 → 노동 이동의 증대 → 농업 잉여 노동력 감소 → 도시화의 가속이라는 구도가 현재화(顯在化)한 것이다. 한 때 활발하게 제창되었던 '농촌도시화'란 것은 결국 환상으로 끝나고 말았다. 경제 발전과 사회 변천의 일반 법칙에 그런 구상이 합치되지 않았던 것이 가장 큰 원인일 것이다.

중국의 사회경제가 점차 보통의 형태로 발전해가고 있는 것은 확실하지만 일본 등 동아시아의 발전 과정에서는 볼 수 없었던 '중국적 현상'들도 나타났다. 예를 들면 농업 등 1차산업 취업자 비율이 개혁개방 이래 30년 동안 매년 1%씩 내려가기는 했으나 취업자의 절대 수는 3,000만 명 이상이나 늘어났다. 농가 세대수도 같은 기간 중 45%나 증가했다. 그 결과 경영 규모가 더욱 영세화했고 노동생산성도 거의 향상된 바가 없었다. 다시 말해 국제 경쟁력이 약한 농업이 형성된 것이다.

도시에서는 농민공의 대량 이입에 의해 노동력에 대한 수급경쟁이 격화하면서 노동시장의 효율이 전체적으로 개선되지 않았던 것은 틀림없는 사실이다. 한편 개개인이 그가 가진 능력이나 의욕보다 신분 차이에 의해 진입 가능한 노동시장 계층이 제한되어버리는 '노동시장의 분단화'도 새로운 문제로 부상했다. 도시 내의 신형 이중구조라 할 현상이다.

이러한 중국적 현상들은 말할 나위 없이 현존하는 호적제도, 농지제도, 사회보장제도, 선거제도하에서 나타난 것들이다. 따라서 제도 환경이 바뀐다면 농촌이나 도시나 모두 상응하는 변화를 겪을 것이 틀림없다. 즉, 이들 중국적 현상들은 중국 고유의 것, 변할 수 없는 것들이 아니다. 그것들은 인위적으로 만들어진 것인 이상 인간의 손으로 소멸시키는 것이 불가능한 일이 아니다. 다시 말하면 농민공이라는 사실상의 신분을 폐지하는 것은 전혀 불가능한 일이 아니다. 1990년대 말까지 최고로 번성했던 향진기업들이 그 후의 소유제 개혁에 따라 소멸되었던 것을 상기하라.

이와 같이 사고하는 주된 이유로 두 가지를 들겠다.

첫째로 호적, 농지, 사회보장 등 농민공과 관련된 제도의 개혁이 일거에 가속화될 가능성이 있다. 제3장에서 서술했듯이 근년의 중국에서는 농민들의 도시로의 이동과 정주를 가로막는 제도에 대한 대담한 개혁이 추진되고 있다. 개혁개방 30주년을 기념하여 개최된 공산당 중앙 제17차 전체회의 제3차 총회(2008년 10월, 3중 전회)에서는 2020년까지 도시와 농촌의 일체화 건설을 이뤄내고 농민의 정치적 제 권리를 개선·보장할 것 등을 실현하겠다는 강한 결의를 표명했고, 나아가 그것을 위한 호적제도 개혁, 사회보장제도 개혁, 농지청부권의 항구화 및 그 유동화와 대규모 경영으로의 이행 등과 관련하여 대단히 상세한 지침들을 내놓았다. 앞으로 우여곡절은 있겠지만 이제 개혁은 되돌릴 수 없는 것이 되었다고 보아도 좋을 것이다.

둘째로, 이제는 경제 발전과 사회 변천이 상호 영향을 주어 현존하는 중국적 현상들이 스스로 소멸해가지 않을 수 없는 단계에 와 있다. 중국의 1인당 국내총생산은 2007년에 처음으로 3,000달러를 넘어섰다. 이러한 소득 수준에 달한 나라에서는 국민들의 권리 의식이 높아지고 정치에의 참여도 활발해진다. 건국 직후부터 존속해온 도시와 농촌의 이중구조나 1990년대 이래 도시 내에 형성된 신형 이중구조는 모두 '2등 국민'처럼 취급되어온 농민·농민공들이 있어서 성립 가능했던 것이라고 말해도 과언이 아니다. 그러나 그러한 제도적 차별이 이제 점차 불가능해지고 있다. 예를 들면 요즘의 농민공들은 취업, 임금, 사회보장 등과 관련하여 스스로의 권리를 의식하고 때로는 법률을 지렛대 삼아 그것들을 지켜내려 하고 있다.

이와 같은 이유들이 맞는다면 금후 수십 년 동안 농민공 및 그들과 관련된 농촌과 도시의 양쪽에 커다란 지각변동이 일어날 것이다. 사회보장제도가 정비되어 농민·농민공들이 농지 청부권[1]을 최후의 생활보장책으로 삼지 않아도 된다면 일가를 거느리고 도시로 이동하여 정주하는 것이 가능하게 될 것이고 또한 농지 청부권을 변경시키지 않은 채 사용권이 유동화하고 그 결과 대규모 농업경영이 가능하게 되는 그러한 상황의 도래도 충분히 기대할 수 있을 것이다.

한편 도시에서 호적에 따른 신분이 아니라 능력과 노력에 의해 직업을 선택할 수 있게 된다면 신형 이중구조도 스스로 무너질 것이다. 이것은 그 지역 원주민들의 이익을 침해함으로써 갖가지 저항을 불러일으킬 것이나, 전술한 3중 전회가 각 수준의 인민대표선거에서 농민의 1표가

---

1  중국에서는 농지가 촌의 집단소유이다. 농업 호적을 가진 자(농민)는 촌에서 농지 경영을 청부받을 수 있는 권리가 법률로 보장되어 있다. 농지 청부 기간은 1980년대에는 15년간이었고 1990년대 중엽에 30년으로 연장되었는데, 2008년 말의 당대회에서 농지 청부권을 항구화하는 방침이 수립되었다. 앞으로 집단소유하에서의 농지 청부권, 즉 사용권의 유동화가 가속화될 것으로 보인다.

도시민의 1/4밖에 안 되는 현상을 반드시 시정해야 한다고 명언한 바 있고 또 농민공들에게 현주지에서의 선거권을 부여하는 것이 실험적으로 시도되고 있다. 따라서 친(親)도시민적인 정책들이 폐지되는 날의 도래가 그리 멀지 않았을는지 모른다.

농민공은 특수한 제도 환경을 배경으로 하여 출현한 특수한 존재로서, 현대 중국에 잠재해 있었던 농민들에 대한 차별 구조가 구현된 것이다. 그런 의미에서 농민공은 과도기적 사회적 존재이고 따라서 언젠가는 반드시 소멸할 것이다. 아니, 가능한 한 빨리 소멸시켜야 한다. 농민공의 존재는 중국의 치욕이기 때문이다.

20세기에 세계적으로 미국이나 남미의 흑인 차별과 인도의 카스트제도에 입각한 신분 차별이 있었다. 그러나 공민권 운동 등에 의해 그러한 차별들은 제도적으로 배제되어왔다. 그런데 슬프게도 21세기에 들어선 오늘의 중국에서 농민·농민공에 대해 호적에 의한 차별이 계속되고 있다. 농민이든 농민공이든 도시민과 똑같은 정치적 권리를 누리는 날이 빨리 도래하기를 바라마지 않는다.

# 참고문헌

## 중국어 문헌

白南生·宋洪遠 編. 2002. 『回鄕, 還是進城?—中國農村外出勞動力回流硏究』. 北京: 中國財政經濟出版社.

蔡昉 編. 2007. 『人口與勞動綠皮書(2007)—劉易斯轉折点及其政策挑戰』. 北京: 社會科學文獻出版社.

杜鷹·白南生 編. 1997. 『走出鄕村—中國農村勞動力流動實證硏究』. 北京: 經濟科學出版社.

葛象賢·屈維英. 1990. 『中國民工潮—"盲流"眞相錄』. 北京: 中國國際廣播出版社(일어 번역으로는 武吉次郎 옮김. 1993. 『盲流—中國の出稼ぎ熱とそのゆくえ』. 東方書店).

顧洪章 主編. 1997. 『中國知識靑年上山下鄕大事記』. 北京: 中國檢察出版社.

郭書田·劉純彬 外. 1990. 『失衡的中國—農村城市化的過去, 現在與未來』. 石家莊: 河北人民出版社.

國務院硏究室課題組. 2006. 『中國農民工調査報告』. 北京: 中國言實出版社.

侯楊方. 2001. 『中國人口史 제6권(1910-53年)』. 上海: 復旦大學出版社.

李濤·李眞. 2006. 『農民工—流動在邊緣』. 北京: 當代中國出版社.

李强. 2004. 『農民工與中國社會分層』. 北京: 社會科學文獻出版社.

劉小萌. 1998. 『中國知靑史』. 北京: 中國社會科學出版社.

蘆漢龍. 1995. 「上海解放前移民特征硏究」. ≪學術季刊≫, 제1기.

陸學芸. 2005. 「農民工問題要從根本上治理」. 中國社會學網.

秦暉. 2003. 『農民中國—歷史反思與現實選擇』. 鄭州: 河南人民出版社.

沈益民·童承珠. 1992. 『中國人口遷移』. 北京: 中國統計出版社.

楊子慧 主編. 1996. 『中國歷代人口統計資料硏究』. 北京: 改革出版社.

張小建·周其仁 編. 1999. 『中國農村勞動力就業與流動硏究報告』. 北京: 中國勞動出版社.

趙樹凱. 1998. 『縱橫城鄕―農民流動的觀察與硏究』. 北京: 中國農業出版社.

周海旺·張鶴年 編. 2003. 『中國城市流動人口子女的敎育狀況硏究』. 上海: 上海社會科學院.

## 일본어 문헌

嚴善平. 2002. 『シリーズ現代中國經濟2 農民國家の課題』. 名古屋大學出判會

嚴善平. 2005. 『中國の人口移動と民工―マクロ·ミクロ·データに基づく計量分析』. 勁草書房.

嚴善平. 2008. 「上海市における二重勞動市場の實證硏究」. ≪アジア經濟≫, 제49권 제1호.

田島俊雄. 2008. 「無制限勞動供給とルイス的轉換點」. ≪中國硏究月報≫, 제62권 제2호.

南亮進. 1970. 『日本經濟の轉換點―勞動の過剩から不足へ』. 創文社.

## 영어 문헌

Fei, John C. H. and Gustav Ranis. 1964. *Development of the Labor Surplus Economy: Theory and Policy*. A Publication of the Economic Growth Center, Yale University. Richard D. Irwin, Inc.

Lewis, W. Arthur. 1954. *Economic Development with Unlimited Supplies of Labor*, Manchester School, May.

Meng, Xin. 2007. Has China Run Out of Surplus Labour? Hi-Stat Worshop Week on Historical Statistics: China's Industrial Structure and Economic Growth, September 27.

본문에 인용된 자료는, 명기(明記)가 없는 것은 모두 『中國統計年鑑』(각년도) 및 인구센서스(각회)에 의거한다.

# 기본서 안내

중국에 관한 일본의 보도에서는 사회적 약자인 농민, 농민공 그리고 뒤떨어진 농업과 농촌이 흔히 다뤄진다. 대도시의 번영, 경제의 고도성장과 대비시키면서 중국의 전체상을 다면적으로 파악하고자 하는 문제의식에 기인할 것이다. 그러나 전문가의 입장에서 본다면 그러한 보도들 가운데 많은 것이 사람들의 관심을 끌기 쉬운 사건·사고에 편중되어 있고 그 내용이 표면적이거나 때로는 고의로 왜곡시킨 것인 경우가 적지 않다.

중국의 아킬레스건이라고 할 3농(農民·農業·農村) 문제를 좀 더 깊게 이해하기 위해서는 전문가가 쓴 입문서 또는 전문서를 읽을 필요가 있다. 여기서는 일본어로 쓰인 3농 문제 관계 서적들을 가려 뽑아 간단히 해설하기로 한다.

먼저 3농 문제 전반을 다룬 것으로서 ① 張玉林, 『轉換期の中國國家と農民(1978-98)』(農林統計協會, 2001) ② 清水美和, 『中國農民の反亂: 昇龍のアキレス腱』(講談社, 2002) ③ 嚴善平, 『シリーズ現代中國經濟2 農民國家の課題』(名古屋大學出判會, 2002) ④ 李昌平, 『中國農村崩壞: 農民が田を捨てるとき』(NHK出版, 2004/北村稔 外 譯) ⑤ 沈金虎, 『現代中國

農業經濟論: 近代化への步みと挑戰』(農林統計協會, 2007)의 다섯 권을 들고 싶다. ②는 언론인이 쓴 일반인 대상의 읽을거리로서, 3농 문제를 풍부한 문헌자료에 의거하여 독자적으로 그려내고 있다. ④는 당시 총리에게 편지를 보내 3농 문제의 심각성을 호소한 것으로 알려진 한 지방 간부의 고발 내용이다. 3농 문제를 현장감 넘치는 구어로 서술하고 있는 것이 흥미를 끈다. ①, ③, ⑤는 학자들이 쓴 책들로서, 3농 문제를 제도의 변천을 포함하여 시계열 자료 등으로 체계적으로 분석하고 있다는 데 특징이 있다.

⑥ 陣桂棣·春桃, 『中國農民調査』(文藝春秋·2005/納村公子 外 譯)는 논픽션으로, 안후이성의 농촌에서 일어난 수건의 농민박해사건을 재현하고 있다. 이 책은 3농 문제의 심층을 이해하는 데 아주 유익하다. ⑦ 愛知大學 現代中國學會 編, ≪中國21≫ 特輯號「中國農業の基幹問題」(제26호, 2007년 1월)와 「公正と救濟」(제30호, 2009년 1월)에서는 근년 3농 문제의 여러 측면을 각 분야의 전문가들이 해설하고 있는데, 일독할 만하다.

이어서 이 책의 주제인 인구이동과 농민공에 관한 주요 서적을 소개한다. 유감스럽게도 이 분야에서는 ⑧ 秦堯禹, 『大地の痛哭: 中國民工調査』(PHP, 2007/永井麻生子 外 譯)를 제외하면 일반인 상대로 쓰인 것이 거의 없다. 농민공을 연구 대상으로 하는 연구서로는 ⑨ 大島一二, 『中國の出稼ぎ勞動者: 農村勞動力流動の現狀とゆくえ』(芦書房, 1996) ⑩ 南亮進·牧野文夫 編, 『流れゆく大河: 中國農村勞動の移動』(日本評論社, 1999) ⑪ 熊谷苑子·松戸庸子·桝潟俊子·田嶋淳子, 『離土離鄕: 中國沿海

部農村の出稼ぎ女性』(南窓社, 2002) ⑫ 石田浩, 『貧困と出稼ぎ: 中國「西部大開發」の課題』(晃洋書房, 2005) ⑬ 嚴善平, 『中國の人口移動と民工: マクロ·ミクロ·データに基づく計量分析』(勁草書房, 2005) 등이 있다. 각 서적의 대상 시기, 연구 관점 또는 방법은 서로 다르지만 정부 통계와 현지 조사로부터 얻은 1차자료들을 병용하면서 인구이동과 농민공의 제 문제를 정량적 또는 계량적으로 분석했다는 데에 공통점이 있다.

농민공 문제를 부분적으로 다루고 있는 최근의 서적으로는 다음의 다섯 권이 잇다. ⑭ 山本恒人, 『現代中國の勞動經濟(1949-2000): 「合理的低賃金制」から現代勞動市場へ』(創土社, 2000) ⑮ 丸川知雄, 『シリーズ現代中國經濟 3 勞動市場の地殼變動』(名古屋大學出版會, 2002) ⑯ 南亮進·牧野文夫·羅歡鎭, 『中國の敎育と經濟發展』(東洋經濟新報社, 2008) ⑰ 薛進軍·荒山裕行·園田正 編, 『中國の不平等』(日本評論社, 2008) ⑱ 園田茂人, 『不平等國家 中國―自己否定した社會主義のゆくえ』(中公新書, 2008)가 그것들인데, 모두 독자적인 자료를 활용하여 제반 문제를 실증적으로 분석하고 있는 역작들이다. 곁들여 읽는다면 인구이동이나 농민공 문제에 대한 이해가 한층 심화될 것이다.

# 지은이 후기

나는 대학에 들어갈 때까지의 17년 동안 농업 호적을 가진 '농민'이었다. 나의 누님과 남동생도 마찬가지로 태어나기 전부터 농민 신분으로 결정되어 있었다. 아버지는 지방 공무원이어서 비농업 호적을 갖고 있었으나 어머니는 농업 호적이었다. 자식의 호적은 어머니 쪽을 따르는 것이 그 당시의 법이었다.

나는 문화혁명 후에 제4기생으로 대학에 진학함으로써 농업에서 비농업으로의 호적 전환(農轉非)을 달성했다. 그리고 대학 졸업과 함께 국비 유학생 자격시험에 통과함으로써 다시 해외로의 이동을 달성했다. 1980년대 전반기의 짧은 세월 동안 나는 농촌에서 도시로, 그리고 해외로의 이동을 경험한 것이다.

누님도 학력시험을 통해 지방 공무원에 선발되어 '농전비(農轉非)'의 꿈을 이루었고, 동생은 아버지의 정년퇴직에 따라 그 호적을 세습하고 군에 입대했고, 후에 정부의 돌봄을 받아 대형 국유기업에 취직하게 되었다. 막내 여동생은 1990년대 초의 호적 매매 정책을 덥석 수용하여 많은 돈을 주고 비농업 호적을 샀고, 현성(縣城)의 집단기업에 취직했다. 늙으신 어머니는 2001년의 호적 개혁에 따라 돈 안 들이고 호적을 전환하여 이제는 아버지와 현성으로 이주하여 살고 계신다. 20여 년 동안에 얀가(嚴家)의 전원이 촌(村)을 떠나 탈(脫)농민의 변신을 이뤄낸 셈이다.

사적인 이야기를 늘어놓아 미안하지만 그럼에도 이 이야기를 한 것은 우리 소(小)가족의 농촌 - 도시 간 이동과 계층 간 이동을 통해 중국 사회의 심층에 잠재해 있는 이동 결정 메커니즘을 엿보는 것이 가능하다고 생각했기 때문이다. 일본 등의 현대사회에서는 개인의 직업이나 수입은 상당 정도로 그가 받은 교육의 양과 질에 의해 결정된다. 개혁개방 이후의 중국에서도 그러한 경향이 강화되고 있다. 지주나 빈농 같은 계급적 신분에 의해서가 아니라 학력이 매개하는 형식하에서의 공간적 이동·계층 간 이동이 가능하게 되었다는 것은 커다란 사회적 진보에 해당되는 만큼 중국은 이전보다 개방적인 사회로 되었다고 말할 수 있을 것이다.

그러나 학력만으로 이동의 가부가 결정되는 것은 아니다. 호적이 비농업인가가 중요한 의미를 갖는다. 예를 들면 비농업 호적의 퇴역 군인이 아니면 정부가 그의 취직자리를 알선해주는 일은 없다.

1990년대 초까지의 농촌 지역에서는 학업이 뛰어난 많은 중학생이 '농전비'를 조속히 확보하기 위해 고교 진학을 단념하고 중등 전문학교에 진학하라는 재촉을 받았다. 대학진학률이 한 자릿수였던 그 당시에 애써 중등전문학교에 합격하여 '농전비'의 기회를 확보한 자녀를 주저치 않고 고교로 보낼 부모는 많지 않았던 것이다. 비농업 호적이 높은 부가가치를 창출하는 것으로 인식되었기 때문이다.

그런데 최근 십 수 년 동안에 호적의 기능이 상당히 달라졌다. 농업 호적인 채로 농촌에서 도시로 이동하여 기업 등에서 일하는 농민공이 많아진 한편 비농업 호적을 가진 사람이라 하여 정부가 일자리를 확보해주는 것은 드물게 되었다. 아직도 의료, 연금 등의 사회보장 분야에서 호적에 유래하는 차별이 남아 있어서 개혁을 한층 서두를 필요가 있기는 하나 문제 해결의 실마리는 거의 풀렸다고 생각된다. 앞으로는 경제 격차가 확대되는 가운데 교육, 특히 고등교육을 받을 기회의 불평등이 심화되고 그것이 계층 이동에 장해를 형성함으로써 사회 전체가 폐쇄적인 방향으로 역행해갈 수 있다는 것을 암시하는 것들에 많은 주의를 기울여 교육, 호적과 이동(移動) 간의 관계를 더 깊이 연구해야 할 것이다.

평범한 가정의 소사(小史)와 중첩되는 테마를 집필할 기회를 주신 이와나미쇼텐(岩波書店)과 책의 구성부터 자구 조정에 이르기까지 세심히 조언해주신 바바(馬場公彦) 씨에게 감사의 뜻을 표한다. 그리고 이 책의 일부는 ≪동아(東亞)≫, ≪중국(中國21)≫ 및 ≪학내기요(學內紀要)≫에 발표된 원고들을 고쳐 쓴 것임을 적어둔다.

마지막으로 계속해서 연구 생활을 지원해주고 있는 가족들에게도 고맙다는 뜻을 전한다. 멀리 고향에서 나를 따뜻한 눈으로 지켜보고 계신 부모님께 이 책을 바친다.

2009년 5월
양샤핑

지은이 소개

## 얀산핑(嚴善平)

1963년, 중국 안후이성 출생. 모모야마학원대학 경제학부 교수. 개발경제학, 농업경
제학, 중국경제론 전공. 주요 저서로『중국경제의 형장과 구조』,『중국농업 중국경
제의 전환』,『시리즈 현대중국경제 2: 농민국가의 과제』,『중국의 인구이동과 민공:
매크로 마이크로 데이터에 기초한 계량분석』등이 있다.


옮긴이 소개

## 백계문

서울대학교 법과대학을 졸업하고, 중앙대학교 대학원에서 교육학을 전공했다. 민주
화운동가이자 정치활동가. 저서로는『성공한 개혁가 룰라』(2011) 등, 역서로는『진
화하는 중국의 자본주의』(2012),『21세기 패자는 중국인가』(2012),『일본 제국주의
의 현황』(1984) 등이 있다.

한울아카데미 1708
총서 중국연구의 쟁점 7

# 중국의 도시화와 농민공: 1억 3,000만 인구의 대이동

지은이  |  얀샨핑
옮긴이  |  백계문
펴낸이  |  김종수
펴낸곳  |  도서출판 한울

편집책임  |  김현대
편집  |  조수임

초판 1쇄 인쇄  |  2014년 7월 15일
초판 1쇄 발행  |  2014년 7월 30일

주소  |  413-756 경기도 파주시 광인사길 153 한울시소빌딩 3층
전화  |  031-955-0655
팩스  |  031-955-0656
홈페이지  |  www.hanulbooks.co.kr
등록  |  제406-2003-000051호

Printed in Korea.
ISBN 978-89-460-5708-1 93330